U0898289

主编／谭小平

中国纺织出版社有限公司

内 容 提 要

毛主席为范旭东题的挽联为：工业先导，功在中华。范旭东被誉为中国重化学工业的奠基人，“中国民族化学工业之父”。本书从范旭东各类文稿中摘录80条语录，结合他的生平事迹，逐一进行评述，每一条评述基本上都包含三个部分的内容：历史背景描述、文本解读、启示。全书分为四章：范旭东说爱国、范旭东说带团队、范旭东说办企业、范旭东说修身。温故而知新，该书对读者有很强的启发意义和教育意义，对丰富地方文化研究也有重要的作用和文化价值。

图书在版编目（CIP）数据

工业先导范旭东如是说／谭小平主编.--北京：中国纺织出版社有限公司，2021.8

ISBN 978-7-5180-8787-7

Ⅰ.①工… Ⅱ.①谭… Ⅲ.①范旭东（1883-1945）-人物研究 Ⅳ.①K825.38

中国版本图书馆CIP数据核字（2021）第161782号

责任编辑：李满意　张　强　责任校对：王花妮　责任印制：王艳丽

中国纺织出版社有限公司出版发行

地址：北京市朝阳区百子湾东里A407号楼　邮政编码：100124

销售电话：010—67004422　传真：010—87155801

http: //www.c-textilep. com

中国纺织出版社天猫旗舰店

官方微博http: //weibo.com/2119887771

北京通天印刷有限责任公司印刷　各地新华书店经销

2021年8月第1 版第1次印刷

开本：710×1000　1／16　印张：13.5

字数：159千字　定价：68.00元

编 委 会

编　者：中共长沙市委统一战线工作部

主　编：谭小平

副主编：刘映群　饶福明　刘佳勇　何惠风　唐宇航　汤智斌　鲁海文

撰　稿：黄守愚　胡振强　张亚林　彭　赞

①	②
③	④

图①：范旭东（1883—1945）

图②：范旭东（1883—1945）

图③：范旭东（1883—1945）

图④：1908年范旭东考入日本京都帝国大学，专攻应用化学

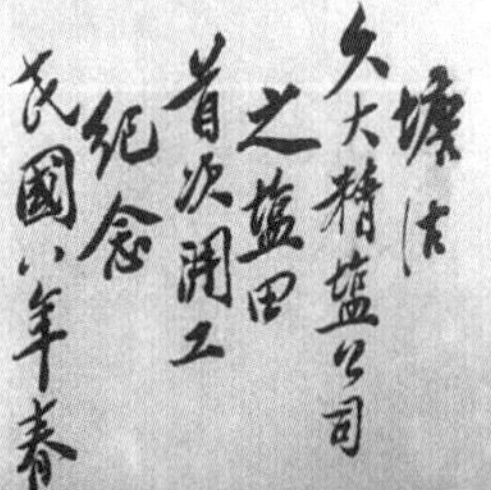

⑤ ⑥ ⑦ ⑧

图⑤：范旭东与夫人许馥

图⑥：范旭东与侯德榜

图⑦：1941年范旭东与胡适

图⑧：1918年11月，久大精盐厂购买的自备盐田经过冬休之后，于1919年春开始产盐

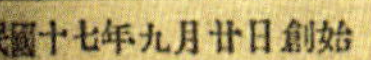

民國十七年九月廿日創始

發行部
海王社
地址：南京(五)大悲巷六號
電報掛號：7051

主編兼發行人
閻幼甫

中華民國卅六年
十一月廿日
本期實價國幣肆千圓

本刊內政部登記證京警國字第二五三號
中華郵政特准登記認爲第一類新聞紙類
江蘇郵政管理局登記執照第一七六號

第二十年 第七期

海王

編輯部
久大鹽業公司
永利化學工業公司
黃海化學工業研究社
聯合辦事處

創辦人
范旭東

本團體信條：
（一）我們在原則上絕對的相信科學。（二）我們在事業上積極的發展實業。（三）我們在行動上寧願犧牲個人顧全團體。（四）我們在精神上以能服務社會爲最大光榮。

每月出刊三期

⑨	⑩
⑪	
⑫	

图⑨：1919年建成的久大精盐厂（东厂）外景

图⑩：20世纪30年代，塘沽永利碱厂全景

图⑪：范旭东创办的《海王》刊头

图⑫：1935年永利化学工业公司南京硫酸铵厂在建设中

⑬ 图⑬："新塘沽"原貌

⑭ 图⑭：1935年庆祝久大成立20周年，李烛尘（左一）、阎幼甫（左二）、陈调甫（左三）、范旭东（左五）在黄海社前合影

为了“不忘却”的纪念

谭小平

范旭东先生实在是一位我们不能忘却的人。强调“不能忘却”这一点，恰恰说明他已不再是人人谈论的“时髦人物”，或者说有被大众“忘却”的可能。作为范旭东的家乡人，我们觉得有必要、也有责任就此做一点文章，来纪念这位从长沙走出去的，曾经名扬四海的“工业先导”。

范旭东先生被称作“中国民族化学工业之父”，他担得起这个名头。毛泽东同志曾对黄炎培说，在中国近代史上，有四个人是我们万万不可忘记的，他们是：搞重工业的张之洞，搞纺织业的张謇，搞交通运输业的卢作孚，搞化学工业的范旭东。[1]这四个人当中，范旭东的事业是最具开创性的，因为在他之前，化学工业在中国是完全没有基础和传统的，他的创新，是真正的“从0到1”的创新，实属不易。

让我们回看一下范旭东先生的人生轨迹。他1883年出生于湖南湘阴县，原名源让，字明俊，后在日本留学期间“自作主张”改名为“锐”，字“旭东”，意为进取。大约六七岁那年，长沙周边地区大旱，他父亲过世，只能随母亲和哥哥投奔长沙城里的慈善机构——保节堂。那个时期的长沙人文荟萃，岳麓、城南、求忠三大书院赫赫有名，1898年湖南巡抚

[1]《范旭东：中国民族化工业奠基人》，中国文史出版社 2019 年 3 月，第 1 页。

陈宝箴支持创立“南学会”，批准兴办“时务学堂”，聘请熊希龄为时务学堂督学，梁启超为中文总教习。范旭东的哥哥范源濂拜梁启超为师，范旭东本人虽然并没有正式拜入梁启超门下，但是他也跟着哥哥“蹭”了不少课，接受了大量新知识。那一年爆发了“戊戌政变”，“百日维新”失败，范源濂作为梁启超的弟子，跟随老师流亡日本。留在长沙的范母和范旭东不断遭到清廷的恐吓和骚扰，过得十分艰难。1900年，范源濂回到长沙，为了弟弟的安全，便把范旭东带去了日本。

在日本，范旭东先是在普通中学读书，后来相继考入冈山第六高等学堂、京都帝国大学，专攻化学。1910年，经哥哥介绍，范旭东认识了同样来自长沙的留学生许馥女士，两人一见如故，很快结为夫妻并相伴一生。1912年，得知中华民国成立的消息，范旭东夫妻二人毅然回国。在哥哥的帮助下，范旭东有机会到欧洲各国考察盐务。在近一年的时间里，范旭东重点考察了欧洲的盐业和制碱业，并从中看到了巨大的机会。回国之后，范旭东立志在中国办实业，先后创办了中国第一座精盐厂、亚洲第一座纯碱厂、远东第一化工厂等，生产了中国人的第一批化肥，打造了“永久黄”团体（永利制碱公司、久大精盐公司、黄海化学工业研究社）。抗战期间，他在大后方先后创办了久大川厂和永利川厂，推进了大西南建设，支援了抗战。抗战胜利后，国共两党都十分看重他。可惜因为突发疾病，救治不当，1945年10月4日，范旭东在重庆的家中去世。听闻此事，正在进行谈判的毛泽东和蒋介石一致决定暂停谈判，并参与其吊唁活动。1945年10月21日追悼会时，周恩来代表中共中央亲赴追悼会现场吊唁。中共领袖毛泽东题写的挽联是“工业先导 功在中华”。时任国民政府主席的蒋介石题写的挽联是：“力行至用”。

范旭东先生的去世，同时惊动了当时国共两党的最高领导人，这很不寻常，说明他身上一定有一种精神在吸引人，而这种精神具有超越党派的影响力。习近平总书记对企业家精神有个精辟概括，即：爱国、创新、诚信、社会责任和国际视野[1]。那么，在范旭东先生身上，能不能看到这五

[1] 2020 年 7 月 21 日，习近平总书记《在企业家座谈会上的讲话》。

种精神呢？

为了寻找答案，中共长沙市委统战部组织力量进行深入研究，成果便是这本新书《工业先导范旭东如是说》。我们对范旭东先生的文稿、书信、公文材料等进行了系统整理，发现习近平总书记所说的五种精神，在范旭东先生身上一个都不少！我们精挑细选了范旭东先生的80条语录，逐一进行解读并结合时代精神进行阐释，并整合为“范旭东说爱国”“范旭东说带团队”“范旭东说办企业”三个章节，同时，为了寻找这种精神的来源，我们增加了一个章节“范旭东说修身”，力图还原湖湘文化这个“现场”，研究范旭东在中国文化和湖湘文化的浸润下，“企业家”和“知识分子”这两个身份是如何在他身上融合的，这或许能带给我们更多的启示。

鲁迅先生在《为了忘却的纪念》一文的末尾这样写道：“但我知道，即使不是我，将来总会有记起他们，再说他们的时候的。”范旭东这样的人，是不可能也不应该被埋没的，同样总会有记起他再说他的时候。我们希望就是从现在开始。

当然，由于资料和能力的限制，我们并不十分确定，这本书是否能让读者对范旭东先生产生足够的兴趣，能有足够的了解。但是，我们认为，这本书或许能起到抛砖引玉的作用，在社会上做一个范例，带动更多的人一起研究范旭东先生，产生更多、更优秀的作品；又或许，这本书是一只蝴蝶，它在长沙轻轻扇动翅膀，却在一段时间之后引发了一场研究范旭东先生的热潮；也有可能，读者只是把这本书当成一本工具书，在创业、管理企业过程中遇到困难了便翻一翻，看看范旭东先生是怎么做的。但不管怎么样，只要读者朋友愿意接受这本书，愿意翻开它，我们的努力就没有白费。

纪念一个人，最好的方式就是去“读”他。

范旭东生平简介

范旭东，原名源让，字明俊，后改名锐，字旭东。1883年10月24日出生在湖南湘阴县东乡（时属长沙府）。1889年，范旭东祖父和父亲相继去世，随母亲谢氏和哥哥范源濂迁往长沙市保节堂定居。

1910年，范旭东毕业于日本京都帝国大学化学系。归国后先在北洋政府任职。1914年，在天津塘沽创办久大精盐公司。1917年，开始创建永利碱厂，1926年生产出优质纯碱。1934年，在南京创办永利硫酸铵厂，1937年生产出中国第一批硫酸铵产品。抗日战争全面爆发后，在大后方建设久大川厂、永利川厂，筹建永利湘厂。1945年10月4日因病去世。

他创办久大生产精盐，结束了中国人千百年来吃“土盐”的历史，久大精盐畅销全国和海外；他创办永利生产“红三角”牌纯碱，打破英国巨头的长期垄断；他摸索出新的制碱工艺并公之于众，推动了世界制碱技术的进步；他生产出中国第一批硫酸铵产品，为制造化肥、炸药、日用品和化工生产提供了支撑；他从海外留学人员中引进李烛尘、侯德榜、孙学悟等技术骨干，设立中国第一个企业科研机构——黄海化学工业研究社，创办中国第一份企业刊物《海王》旬刊，为日后的新中国培养了大批化工人才。范旭东被誉为中国重化学工业的奠基人、“中国民族化学工业之父”。毛泽东同志为他题写的挽联是“工业先导　功在中华”，称赞他为中国人民不可忘记的四大实业家之一。

范旭东说爱国

（彭赞）

1 “永利的事是应当做的”，现在的国家，如果自己不能造酸制碱，就算没有办化学工业的资格，没有这个资格，就算不成其为国家。（1928年12月7日《在永利制碱公司第五届股东常会上的报告》）

提取精盐—制碱—造酸，可以说是奠定化学工业的“三步曲”，其中最艰难、最关键、最核心一步的又数制碱。所以范旭东认为，不能造酸制碱就没有办化工的资格；没有化工，严格来说，甚至都不能算是一个国家。好比一个人连自己都养不活，还怎么娶妻成家生孩子？不能自立，就不能算是一个有尊严的人。范旭东此番言论并非过激，当时西方对制碱实行垄断，洋碱在我国国内卖到天价，卜内门公司趾高气扬，对永利厂百般阻挠和打压。对偌大一个国家来说，一个人、一个企业的成败或许无足轻重，但永利的成败，就是国家制碱工业的成败。能否生产出中国人自己的碱，对范旭东、对永利也许不重要，但对国家很重要。因为一个人、一个企业无非是此路不通换条路走，但国家这条路必须走。范旭东偏偏把有很多条路的自己与只有一条路的国家绑在一起，立志做“争国本”的事，雄心壮志化作朴实的一句“永利的事是应当做的”。

范旭东发表这番言论的前两年，永利已成功制出碱，并在美国费城举办的首届万国博览会上夺得金质奖章，永利纯碱也首次作为中国化工产品走出国门远销海外。此时的范旭东，名利双收，底气十足。这一刻，他终于扬眉吐气了：不仅是作为一名企业家，也是作为一个中国人。人风光的时刻，最容易想起曾经经历过的辛酸和屈辱。范旭东没有时间去感慨8年的曲折艰辛，中国化工当时实在是落后世界太多，必须乘胜追击，容不得他过多地沉浸于成功的喜悦。

1920年9月10日，永利制碱公司经当时商标局核准使用的“红三角”商标

1928年的中国，仍处于军阀割据的水深火热之中。范旭东不是一个革命者，他有他作为一名化学家实业救国的使命，他在另一个战场像一个革命者一样战斗着。这是一个真正的实干家，没有豪言壮语，只有创业路上的争分夺秒。当我们的事业遇到挫折、困难、不具备某种客观条件时，想一想范旭东和他的经历，就知道该停下脚步还是继续前进了。

2 中国物资丰富，当今急务在如何整理以供世用。化学工业实其关键，所难者，我国技术、资本两不如人，创办一事费力多而成功少，时不我待，应起直追。（1933年11月至1934年1月政府呈文）

中国地大物博、物产丰富，既是养育国人的资本，也是列强觊觎的“肥肉”。乐观者只看到生产资料丰富，吹嘘“天朝上国”；悲观者只看到生产力低下，盲目崇拜西方；有识之士看到二者之间的矛盾，却也只能干着急。范旭东既能看清，又能笃行，以振兴中华为己任，并找到了化工这条途径。他所说的“技术、资本两不如人”“费力多而成功少”，都是创办久大、永利的经验之谈。久大成立后遭到腐败官僚、旧盐商和洋人的围追堵截，很多次陷入危机，市场开拓也是一波三折。永利制碱历经8年才成功，范旭东为募集资金天天求人、受尽冷落，为攻破技术难题一次次派人出国考察，历尽千辛万苦进行一次试验，每次试验都是孤注一掷，失败了又要重新找资金、买设备、做试验……没有超乎寻常、百折不挠的信念与毅力，早就有千百次放弃的理由了。

其实，范旭东创办的久大、永利取得成功后，当时不仅在全国是一流的高新技术企业，放眼整个亚洲也难找到竞争对手，一般创业者可能就要止步不前，坐在功劳簿上享受了。但在范旭东眼中，看到的仍是国家的落后，他希望国家尽快强大起来，常感到深深的责任感，感到“时不我待，应起直追”。

有的人就是善于干大事的。普通人苦苦追寻的荣华富贵、功成名就，他们唾手可得，但他们对荣华富贵不屑一顾，他们在最艰难的时刻撑起整个中华民族的脊梁。范先生正是民族的脊梁。国家在他们的拼搏奋斗下变得强大，成为更多人的依靠。

时至今日，中国已成为全球第二大经济体，载人航天、高铁、5G等高科技也走在世界前列，很多人觉得我们可以高枕无忧。殊不知，这些进步都是在一代又一代范旭东们的努力之下累积起来的。中国的综合实力与国际地位今非昔比，但实现中华民族伟大复兴的紧迫感和使命感一刻也不能放松。范旭东的爱国精神永不过时，范旭东的报国事业也会一直传承和发扬光大。

3 若同人在本公司以外之官署或商店工厂服务，虽加倍而不难，其所以甘受苦辛而不辞者，无非深念中国百业凋零，群思以身作则，为国家社会聊尽扶持之心力耳。（1931年4月26日《在永利制碱公司第七届股东会议上的报告》）

人往高处走，水往低处流，哪里钱多去哪里，正常人都会这么选。放弃待遇高的，选择待遇低的，是不是傻？范旭东在创办久大、永利、黄海社的过程中，集聚了一大批顶尖人才：侯德榜、李烛尘、陈调甫……他自己不要钱无所谓，难的是让这么多牛人都甘愿放弃丰厚待遇，甘愿吃苦受累，聚集在他麾下效力。牛人就是牛人，不能用常人的思维去衡量，普通人苦苦追寻的钱、权、名，在他们眼里往往不屑一顾。能够把一群学贯中西、身怀绝技却又不按常理出牌的人聚拢起来，说明范旭东不仅仅是一个搞技术的化学家，也不是空有一腔抱负的知识分子，更不是唯利是图的资本家，他是管理者、企业家和行业的领路人、开拓者。

这种人天生具有王者气质，就是要干大事，就能吸引一大批追随者。三国时期的刘备就是这种人。桃园结义流传千古，关张二人豁出性命、散尽家财，跟随刘备打天下，一声呼唤大哥，一生只认大哥，关羽为大哥千里走单骑，刘备为报兄弟仇惨遭火烧连营，这种情谊超越了人世间常见的爱情、亲情、友情。金钱能吸引普通人，不能打动真英雄；利益能收买个别人，不可能收买天下人。

革命领袖能凝聚起千千万万的追随者，一是靠思想指引——勾画蓝图、指明路径；二是靠行动示范——挑最重的担子、做最难的事。范旭东是20世纪初中国化工界的领袖。他的领袖气质体现在提出目标、展示毅力、在困境中找到出路。他为众人一步步勾画出新的蓝图：先提取精盐，创办久大，有了“海王星”；再瞄准制碱，成立永利公司，又有了“红三角”；再是挑战造酸，组建永利铔厂，为中国化工业发展奠定了坚实的基础。在人才队伍建设方面，凝聚起方方面面的资源和力量，激发众人的积极性和创造性，成立黄海化学工业研究社，创办内刊《海王》，培养锻炼了一大批化工人才。抗日战争全面爆发后，他，迅速带领团队将工厂内迁，克服重重困难开

1937年抗日战争爆发，永利碱厂工程技术人员在南迁途中

辟运输线路，当民族工业保存血脉。在动荡的岁月中，每当事业发展遇到困难，都是他站在最前面迎击挑战。

创业领袖与革命领袖在某些方面有很大的相似性，他们始终能做到言行如一、表里如一、永不放弃、永不止步，非如此不能发展事业，非如此不能带领团队。反面例子很多，很多企业家在创业成功后忘了初心，远离一线，缺乏再次创业的勇气。领路人懈怠了，追随者和拥护者也会失去方向，事业也就会走到尽头。

4 民大初办微业，只知热心要办，并未计及前途之顺险，中经波折，不堪忍受，绝未想到时至今日，永利公司尚能进一步为中国负较大之责任。（1934年4月30日《在永利化学工业公司成立大会上的报告》）

今天我们视范旭东为一名爱国实业家，但他一开始并没有把爱国挂在嘴上，也没想过要做出多么惊世骇俗的业绩。他最初办企业、制精盐，并未预计到自己能做到中国第一、世界一流这么大的影响力。在当时环境中兴办实业，中间经历了巨大挫折，他甚至萌生过放弃的念头。等到制盐、制碱均取得成功后，他大受鼓舞，方才认为自己有能力承担更多责任，于是又朝着制酸的目标前进，并立志要解决化工基本原料——酸碱的供应问题。

当代企业家张近东1990年在南京街头开了一家“苏宁交家电”卖空调时，可能也只想着养家糊口、发家致富，等到苏宁电器开遍全国、成功上市以后，他想起还要承担更多社会责任，所以他说，“小企业是自己的，大企业是社会的、国家的。”

这跟革命是完全不同的两种心态。革命者是先有想法，从走上革命道路之前，思想上就已经做好了充分准备，要为天下苍生而战、为改变世界而战；企业家是先有行动，一开始可能没想那么多，把事业做起来再说，等到企业做大，可能才会想承担更多社会责任。

这种务实精神放在今天也是很实用的。习近平总书记多次强调，面对风险挑战，最重要的是办好中国自己的事[1]。对企业家而言，就是要办好自己的企业，一步一个脚印，不断提升核心竞争力，在关键领域和核心技术上掌握技术主动权。等到企业发展壮大起来，自然就能为国家、为社会做出更大贡献了。

企业也必须相应承担起更大的社会责任。企业越大，企业家责任越大；能力越大，所扛的压力越大。久而久之，人们可能会觉得“能者多劳”是理所当然的，但我们还是应该感恩并讴歌这些有社会情怀，为国家、为社会做出贡献的伟大的企业家们，即使创办大企业真的不是他们的初衷，但在历史潮流面前，他们没有退缩，抢抓机会，迎难而上，使企业不断发展壮大，甚至达到世界级影响力，并真的改变世界。而这种改变世界的大企业，是任何时代都不能缺少的经济发展要素。

[1] 2019 年 4 月 1 日第 7 期《求是》，习近平总书记《关于坚持和发展中国特色社会主义的几个问题》。

5 我们既意识这责任之重大，我们当立下决心，事之成败，全在人为。我们有了决心和信仰，任何难局都容易打破。国家的荣幸，股东的利益，都可以决心之有无卜之。其次就是在今日中国现状之下，兴办如此伟大艰深工业，中途曲折迂回,自所不免。切望诸公遇事冷静忍耐处之，万一有认为不满意之虑，请以书面或亲到公司质询。自当坦白答复，切勿轻信浮词，自隳信念，尤其不必隐忍不问，致失真相，徒令当事者灰心。——《在永利化学工业公司成立大会上的报告》（1934年4月30日 ）

处于内外交困时期的中国，创办实业、发展化工自然是困难重重。这就是范旭东口中的“今日中国现状”。虽然制碱成功，范旭东丝毫不敢骄傲，他谆谆告诫同仁清醒认识客观存在的困难，做好走弯路的准备；又让众人树立必胜的信心，相信一切事在人为；同时给大家一个安慰和依靠：有问题找我。

有什么都冲我来！这是今天我们经常在网上调侃的一句话。相似的话范旭东也说了：“万一有认为不满意之虑，请以书面或亲到公司质询，自当坦白答复。”意思就是“有问题冲我来”。这说明他胜不骄败不馁，对客观困难有充分估计，对员工心理有准确把握，提前给大家吃了一颗“定心丸”：有什么不满意的来找我，遇到困难解决不了来找我，千万不要闷在心里、灰心丧气，更不要抱怨国家，以致失去信心耐心、损害事业。这就是一个团队的灵魂，在顺境的时候可以带领团队乘胜前进，在逆境的时候就是团队的精神支柱，创始人的意志力和领导力，决定了团队的战斗力和抗压能力。

习近平总书记在世界经济论坛2017年年会开幕式上的主旨演讲中说过："遇到了困难，不要埋怨自己，不要指责他人，不要放弃信心，不要逃避责任，而是要一起来战胜困难。"[1]这是为世界担当，是真正的"人类命运共同体"。范旭东展现的是他那个时代的担当。

平凡的人有各自的平凡，有的患得患失，有的得过且过，有的知难而退……伟大的人一般都具有相近的品质：高瞻远瞩、敢于担当、意志坚定……只有具备这些异于常人的特质，企业家才能带领一个企业走向繁荣兴盛，才能给一个企业注入灵魂力量。

在范旭东的带领下，中国化工少走了很多弯路，拉近了与世界先进的距离，甚至实现了"弯道超车"，让我们有机会在化工领域走在世界前列。

---

❶ 2017 年 1 月 17 日，习近平总书记《共担时代责任 共促全球发展》。

6 我们同人本着良心的驱使，决然毅然排除一切困难，把这民生国计相关的基本工业，从虎口里夺了回来。（1934年11月26日《范先生对于永利化学工业公司励行新组织之重要谈话》）

1934年4月，永利制碱公司改组为永利化学工业公司，决定在江苏创办永利硫酸铵厂，把制酸“从虎口里夺了回来”。开设新厂制酸，对于国计民生有着重要影响。制酸对国家关系重大，农业上需要以酸为原料生产化肥，工业上需要酸参与很多环节的生产，民众的日用品生产离不开酸，而国防军工则需要用酸制造高效炸药。如果中国能够自行制酸并生产炸药，将有助于提高中国的国防实力。

既然酸这么重要，那就干吧！但困难摆在那里，首先要统一思想，“永久黄”内部不能出现分歧。范旭东在这次谈话时，把困难、危险讲得非常充分，但又晓以大义，声明了不得不办的理由，得到了众人的一致拥护，为后来直面挫折提供了精神准备。果不其然，英国卜内门公司和德国蔼奇颜料工业公司都虎视眈眈，并且提出十分苛刻的合作条件。范旭东立志自主办厂，先后克服了投资、技术、采购设备、选址建厂的重重困难，并于1937年元月生产出第一批合格的硫酸，紧接着硫酸铵、硝酸也顺利投产。

酸厂前后耗资1200万元，永利为此每年仅支付利息就要38.5万元。期间一旦失败，将会把永利拖垮，范旭东在谈话中提到“自讨苦吃”“根本动摇”并非危言耸听。所以此事只许成功不许失败。万幸的是，破釜沉舟的壮举终于迎来了皆大欢喜的结局，但其中的决心、艰辛、魄力，却不能不让人惊叹。

永利南京硫酸铵厂硫酸厂

时过境迁，以史为鉴。今天我们的芯片受到国外的技术封锁，我们必须痛下决心、苦练内功，经历一番折磨，迎来凤凰涅槃，突破技术难关，赢得独立自主。发展芯片产业，除了国家宏观政策的引导，最重要的还是发挥企业家的主体作用。如果今天的企业家都有范旭东那样的格局和定力，甘冒企业破产的危险，矢志研发高性能“中国芯”，我们又何愁技术上被人“卡脖子”？

从这个意义上说，范旭东制酸的影响力和他的创业精神相比，后者是留给我们的更大财富。

7 本公司事业不仅为吾国一大企业，即在世界水平线，也有相当地位。(1936年4月26日《在永利化学工业公司第二届股东会议上的报告》)

发展基本化学工业大多是由大资本家承担，但中国当时鲜有民间大资本家，即使有一些中小资本家，也根本不会涉及化工这类技术门槛高投资大、见效慢且风险大的行业。范旭东作为一介书生，毅然承担起中国化工发展之重任，这种精神就难能可贵了，至于能做到何种程度，按理说不应强求与苛责。且不说当时中国一穷二白，化学工业更是从零开始，而西方化工已经有一百多年历史，制碱等工艺已经十分成熟。

但范旭东偏偏不肯服输，他不仅要做中国第一，还要做世界一流！这种舍我其谁、不甘落后的拼劲，正是企业家不可或缺的精气神。20世纪80年代，改革开放初期，很多人辞职下海经商，也是凭着这种冲劲与闯进，打拼出了自己的天地，也推动了国家经济的繁荣，涌现出一批企业家，比如三一重工集团的梁稳根、海尔集团的张瑞敏等。

习近平同志指出："企业家爱国有多种实现形式，但首先是办好一流企业，带领企业奋力拼搏、力争一流，实现质量更好、效益更高、竞争力更强、影响力更大的发展。"[1]自强不息、勇争一流，这无疑是企业家精神最重要的内涵。

---

[1] 2020年7月21日，习近平总书记《在企业家座谈会上的讲话》。

遗憾的是，今天我们有的人、有的企业家都变得很“佛系”了，特别是面对国外强势企业，缺乏竞争的底气与勇气。有的企业热衷做“山寨”产品、赚“快钱”，缺乏工匠精神；有的看到国外的技术领先太多，于是丧失了奋起直追的信心；也有的认为中国已经是全球第二大经济体，经济实力和科技实力已经很强大，可以歇歇脚、松口气了。这些都是错误的想法和观念。虽说中国的高铁、5G、航空航天等技术已经处于领先地位，但还有不少领域仍处于后起赶超的状态。

金庸的武侠小说里有“侠之大者，为国为民”的说法，如果把经济领域比喻成“江湖”，企业家就是“侠客”。真正的侠客大都有一个共同点：有强烈的正义感和责任感。范旭东无疑是行侠仗义、为国为民的“大侠客”。今天的企业家，如果都有不畏艰险、敢于牺牲、勇争一流的决心和意志，才有可能在全球化的“江湖”中坚强屹立，许许多多这样的爱国企业家抱团发展，就是建设社会主义现代化国家的重要依托、中华民族伟大复兴的重要推动力量。

8 公司以国民立场，凡所规划，无不以国利为前提，故国防所需而为本厂能力所能准备者，业已附带筹备全齐。（1935年10月《永利化学工业公司密呈蒋委员长节略》）

一个民营企业家，没有把自己掌握的、国家急需的物资和技术作为谈判要价的筹码，而是尽全力无偿供应国防之所需。不计得失、不计名利，苟利国家，倾其所有。在战争年代，这是中国人民抗战胜利、赢得尊严的根本所在。

在和平年代，企业家也在尽心尽力服务国家、奉献社会。2020年新型冠状病毒肺炎疫情肆虐，全国口罩供不应求，个人防护用品缺口很大，3000多家企业“跨界”转行生产口罩……一大批民营企业像当年身负国难的范旭东一样，在口罩紧缺的当下自发“转行”，跻身前列生产口罩，很多企业因此遭受巨额亏损也再所不惜，只求与全国人民团结一心、共渡难关。在这些企业身上，我们看到了当年范旭东的影子，也看到了中华民族伟大复兴的曙光。

但是，现在也有企业，考虑的不是如何填补技术空白、造福国计民生，而是削尖脑袋寻找法律法规的漏洞，打政策擦边球，在灰色地带游走。比如，2012年，某公司因违规卖别墅被曝光。这种企业经营者与百年前的范旭东相比，在格局和境界上简直是云泥之别。

放在百年前的旧中国，国家弱小，一穷二

白，百废待兴，民营企业家主动承担更大的社会责任。今时今日，国家实现了从站起来、富起来到强起来的转变，以公有制为主体、多种所有制经济共同发展的基本经济制度日趋完善，涉及国计民生的战略产业大多由国企主导支撑，看起来似乎民营企业参与度不高，实则不然。不管社会如何发展变迁，国企不是万能的，民营企业始终有自己的使命，民营企业家始终有用武之地。新的社会需求层出不穷，科技创新永无止境，民营企业数量庞大、充满活力，是科技创新、技术变革的主力军。企业家的格局和境界体现在前瞻眼光、家国情怀、工匠精神，体现在以国家战略来规划企业发展，以国民需求决定企业方向。

9 敌机轰炸本厂早在意中，诸君立于国防工业第一线，悲壮胸怀可歌可泣。（1937年9月27日《致侯致本傅冰芝及錏厂员工电报》）

企业的前途命运，始终是与国家的命运联系在一起的。稳定的社会环境才是企业发展的基本前提。

国家繁荣昌盛，才能为企业发展提供持续稳定的环境。今天我们重视营商环境，优化政务服务，这是经济社会发展到较高阶段的必然要求。殊不知，在民国时期社会动荡、战争不断、劫匪横行，如何办企业求发展？企业家需要怎样的家国情怀？

1937年初，永利錏厂成功生产出硫酸、合成氨、硝酸、硝酸铵，各种产品陆续上市，打开了一片新天地。然而好景不长，国际政治形势的变化给永久黄团体一记迎头痛击。七七事变后，日本发动全面侵华战争，天津和塘沽相继沦陷，永利碱厂被日军侵占。淞沪会战后，设在南京的永利錏厂，遭到日军的疯狂轰炸，重要车间全遭到严重破坏，工厂不得不停止生产。1937年12月，南京沦陷，范旭东带领同仁费尽千辛万苦创办的永利錏厂，被日军洗劫一空。

国运昌则企业昌。范旭东作为一名成功企业家，其能力应该是毋庸置疑的，但在国运不昌的年代，总是遭遇各种打击和失败。今天的企业

永利硫酸铵厂被日本侵略者轰炸后的硫酸生产设备与厂房

家，格局能够与范旭东相提并论的，或许并非是大多数，但事业做得比“永久黄”更大更成功的，却比比皆是。这说明，企业发展的决定因素，首先在于国家的营商环境，有无企业安定发展的大环境，其次才取决于企业家的个人努力。

改革开放四十多年以来，民营经济经历了从无到有、从小到大、从弱到强的发展壮大阶段，已经撑起了国民经济的“半壁江山”。糊涂的企业家把成功都归因于个人努力，得意忘形，缺乏敬畏，甚至开始无视国家法律权威和政策底线。清醒的企业家知道国家提供了优良的政策环境、法制环境，营造了民营经济发展的“大气候”。明智的企业家不仅知道企业与国运的关系，还能做到始终与国家共进退。

2019年5月，受中美贸易摩擦影响，美国将华为及其46家子公司加入“实体清单”，对华为实行禁售和封杀。10月8日，美国又宣布将28家中国组织和企业列入“实体清单”，其中，海康威视、科大讯飞等8家人工智能公司位列其中。面对制裁，科大讯飞董事长刘庆峰表示“已全面超越，不惧制裁”，海康威视负责人也回应称“大多数美国元器件都可以替代”，他们都表现出了崇高的民族气节和自力更生的坚强决心。

10 吾人动作，只为行乎心之所安，初非要誉于当世，尤无私见存于其间，天下后世，自有公论，固不必计较于一时也。（1940年1月1日《敬告公司同人》）

内心强大，坚守初心，总会有云开月明时。

抗战全面爆发后，永利天津碱厂、南京铔厂先后被日军侵占。日本人多次与范旭东谈“合作”，均被范旭东严词拒绝，公司为此遭受了巨大损失，创业之功几乎损毁殆尽。对于范旭东拒绝与日本人合作，国人的评价分为两种，大部分同胞深表同情和钦佩，但也有一些人弃民族大义于不顾，单从企业发展的角度进行抨击。对于各类闲言碎语，范旭东毫不在意，他坚定地认为，在日本帝国主义面前决不能屈服，即使自己遭受损失，也不让日本人占便宜！至于议论诋毁，后世自有公论。

中国有句古话：谁人背后无人说，哪个人前不说人。办企业就要走到台前，就会被人围观、议论，如果前怕狼后怕虎，受不了误解，听不得非议，就做不成任何事。世人的看法千千万万，岂能尽如人意，但求无愧于心。最重要的是在大是大非面前，一定要守住初心，始终保持清醒的头脑，不被流言牵着鼻子走。

在我们这个时代，在市场经济的浪潮下，有的人“以成败论英雄”，似乎只要能赚到钱，偷税漏税可以，欺骗消费者可以，剽窃他人技术可以，甚至出卖国家利益都行。这些都属于“三观不正”。爱国敬业、守法经营、回报社会，必须成为企业家坚守的原则。思想是行为的先导，只有三观正，企业家思想健康，才会有企业的健康成长，才会有企业的长远发展。

范旭东不计一时之得失，不惧漫事讥评，只求心安，相信“后世自有公论”，这是一种超凡脱俗的极高境界。当代“玻璃大王”曹德旺就像范旭东那样达到了“内心足够强大”的境界。曹德旺从来不效仿别人，很多老板看到当下什么赚钱就干什么，不管是汽车还是房地产都要尝试一下，但是曹德旺一直坚持发展自己汽车玻璃产业，终于成为世界“玻璃大王”。据说，他还放弃了自己得到的美国绿卡，带着家人回到中国，曹德旺对孩子和妻子说，我辛苦创办的民族品牌，不能让外国人成为掌控者。

11

《海王》历来主张御侮建国，我们绝对相信，中国必须御侮才能建国，建国成功才脱永绝外侮。荣幸得很！《海王》的主张，竟与现时全国一致的共同目标——“抗战必胜，建国必成”相吻合。（1938年7月7日《海王复刊词》）

1928年9月20日，范旭东创办《海王》旬刊，作为永久黄团体的内部刊物，这是中国第一份企业刊物，1937年7月7日因日军侵华停刊，一年后在长沙复刊。

1938年是什么形势？七七事变已经过去一年，东北还在日本傀儡政权“伪满洲国”统治下，日本发动全面侵华后，北平失陷，天津失陷，上海沦陷，南京沦陷，徐州陷落，大半个中国处于日本帝国主义控制之下。不久之后，武汉、广州也相继陷落，国民党第二号人物汪精卫叛国投降。

虽然中国人民进行了英勇的抗战，但有一部分人是比较悲观的，特别是那些拥有巨额财富的“上层人士”。因为他们衣食无忧、富贵双全，非常害怕失去已有的一切。有的人为了保住自己的财富，甘愿当投降派，寄希望于日本人放过一马，继续维持锦衣玉食的生活。

范旭东是那种缺衣少食的穷人吗？不是。要是为了吃饭、享福，把永利、久大收拾变卖，足够他享受几辈子了。范旭东是那种贪生怕死之辈吗？不是。他如果贪生怕死，就不敢拒绝日本人的合作要求，更不会把《海王》打造成主张抗战的宣传阵地。他内心绝对相信“抗战必胜，建国必成”。这是一种朴素的情感，就好比子女对父母最深的爱，对国家抗战必胜充分信任——这种信念可以产生强大的力量，激发国人的斗志和毅力。

有句话是这么说的：你是什么样子，国家的未来就是什么样子。当时的中国，正是由于有了人民群众必胜的信念和千千万万绝不屈服、英雄斗争、不怕牺牲的仁人志士，才取得了抗日战争的伟大胜利。

在庆祝中国共产党成立100周年大会上，习近平总书记庄严宣告：“我们实现了第一个百年奋斗目标，在中华大地上全面建成了小康社会，历史性地解决了绝对贫困问题，正在意气风发向着全面建成社会主义现代化强国的第二个百年奋斗目标迈进。”这时候，我们仍然需要必胜的信心，需要举国一致的团结奋斗，需要中华儿女共同努力，迎接中华民族伟大复兴的光明前景。

12 此次中国从死里逃生，可谓侥幸，今后万万不能再不振作，不能再贫再弱；在战时要靠将士英勇救国，和平告成，其责全在各有职司之人，不论所司大小口必得各自贡献一份。（1945年8月19日对团体同人的提示）

1945年8月15日，日本宣布投降。从1931年“九一八”事变起，日本侵华14年，给中国人民带来深重的苦难，全国军民伤亡数千万。范旭东创办的“永久黄”事业也深受其害，天津碱厂和南京酸厂均遭到彻底破坏。虽然抗战取得了最后胜利，但范旭东对民族的苦难、企业的损失仍有切肤之痛。他深深感受到战争胜利后自己的责任更加重大，并号召团体同仁增强使命担当，为强国富国做出各自的贡献。

范旭东曾在日本留学，对日本明治维新后的迅速发展了如指掌，也了解西方各国的工业发展迅猛，更清醒地知道中国的落后和差距。正因为工业十分落后、国家积贫积弱，落后就要挨打。为了避免再受人欺辱，就必须振作精神，加快发展，建设一个富强的中国。日本投降，让中国人松了一口气，和平、稳定的社会环境是人民的追求，也为工业发展特别是化工发展提供了难得的机遇。

在中国共产党的领导下，新中国建设取得了举世瞩目的成就，中华民族迎来了从站起来、富起来到强起来的伟大飞跃，现在中国已成为世界第二大经济体，我们全面建成小康社会，完成第一个百年奋斗目标，开启了全面建设社会主义现代化国家的新征程。

一个国家也好，一个民族也好，忘战必危、好战必亡。习近平总书记强调，要“加强中华儿女大团结”，“广泛凝聚共识，广聚天下英才，努力寻求最大公约数、画出最大同心圆，形成海内外全体中华儿女心往一处想、劲往一处使的生动局面，汇聚起实现民族复兴的磅礴力量”。[1]我们要加强中华儿女大团结，广泛凝聚共识，广聚天下英才，努力寻求最大公约数、画出最大同心圆，形成海内外全体中华儿女心往一处想、劲往一处使的生动局面，汇聚起实现民族复兴的磅礴力量。

中美贸易摩擦引发人们对芯片技术的关注。其实除了芯片，中国在精密制造、半导体、仪表仪器、医疗器材、汽车工业、工业机器人等领域也需要追赶。与此同时，我们也看到新时代的范旭东们，正以时不我待的紧迫感奋起直追，不少企业产品成为民族品牌的骄傲。2019年，中央统战部等五部委表彰了第五届全国非公有制经济人士优秀中国特色社会主义事业建设者，共计100名优秀企业家。只要每个企业家、每位中国人都认认真真做好自己的事，全体中国人办好全中国的事，就不会有我们战胜不了的困难。

---

[1] 2021 年 7 月 1 日，习近平总书记《在庆祝中国共产党成立一百周年大会上的讲话》。

13

抗战的艰苦，算不了什么，建国的艰苦，才是真正的艰苦。（1943年10月10日献词）

此番话是在太平洋战争爆发、世界反法西斯阵营形成之际说的，抗日战争即将进入战略反攻阶段，胜利在望，全国人民都充满信心，大家都准备松一口气。范旭东曾说过，日本派到中国来的文武官员，至多不过是他们的三四流人物，而我们都是中国的第一流人才，相信我们的聪明才智一定能斗过他们。这说明他对抗战胜利早已成竹在胸。

经过多年抗战，中华大地满目疮痍，医治战争的创伤，进行经济、政治、文化各项事业的建设，都刻不容缓。但在普通人看来，打赢战争才是最难的，只要战胜日本人，就可以松口气了，他们的眼界看不到战胜后国家面临的新困难，他们的能力也难以承担建设国家、改善经济、发展工业的重任。

范旭东既然看到了前进路上的困难，就决心全力以赴为国争光。虽然已经年过花甲，但烈士暮年，壮心不已，1943年，高瞻远瞩的范旭东着手拟订了一个规模宏大的十大化工厂计划，以求战后复兴中国化学工业。在生命最后的几年，他投资合办建业银行、发起创办海洋研究室、为争取美国贷款四处奔波、日本投降后组织出川筹备复工……一刻都不曾停歇。知难而进、争分夺秒、积极建言、亲力亲为，实现了中国化工“从0到1”的跨越，培养了侯德榜、李烛尘、孙学悟等一大批化工界人才，打下中国化工发展的坚实基础。

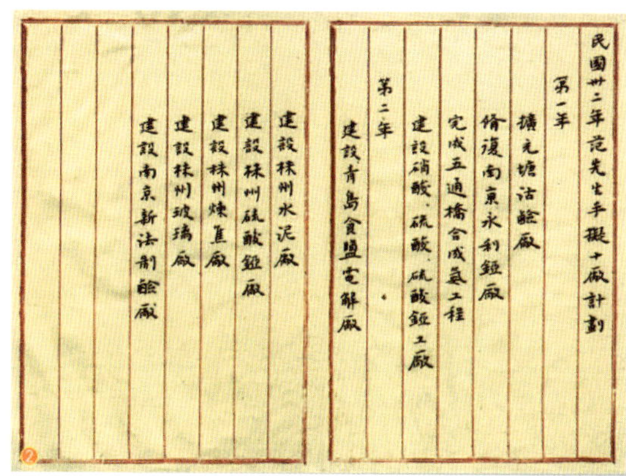

民國卅二年范先生手擬十廠計劃

第一年

擴充塘沽鹼廠

修復南京永利錏廠

完成五通橋合成氨工程

建設硝酸、硫酸、硫酸錏工廠

第二年

建設青島食鹽電解廠

建設株州水泥廠

建設株州硫酸錏廠

建設株州煉焦廠

建設株州玻璃廠

建設南京新法制鹼廠

1943年范旭东手拟十厂计划，以求在战后复兴中国化学工业

艰难困苦，玉汝于成。以久大和永利为基础的天津碱厂，至今仍是我国重要的化工企业；黄海社发展为中国科学院工业化学研究所；永久黄团体的众多重要成员之后都成为建设新中国的骨干力量。范旭东先生为国为民贡献一生，实现了他实业救国的伟大理想。

14 中国以农立国，农肥必待改良，硫酸铔（即硫酸铵）一物，在国家承平时可作农肥，促进生产，一旦国有缓急，又可将“安摩尼亚”改制硝酸，为制猛性炸药之原料。（1934年3月28日在永利制碱公司临时股东会议上的报告）

安摩尼亚是ammonia音译，也就是氨，是制作硝酸铵必需的原材料。由于当时世界各国都难以大量合成氨，制作硝酸铵炸药主要依靠智利所产硝石。早在“一战”期间，德国化学家就断言，能否占有智利硝石并生产硝酸铵类炸药，是战争胜负的决定性条件。后来，德国化学家哈伯掌握了固定氮气法，用氮气和氢气合成氨，从此不再依赖硝石，曾一度让“一战”中的德国如虎添翼。“一战”后，协约国逼迫战败的德国公布了合成氨的方法，合成氨工业的大规模发展，使硝酸铵生产获得了丰富的原料。第一次世界大战结束后，合成氨工业迅速发展，转向为农业、工业服务，并成为化肥的主要原料。第二次世界大战期间，一些国家专门建立了硝酸铵厂，用以制造炸药。中国是“一战”协约国之一，北洋政府向欧洲派出了十几万劳工，为战争胜利付出了巨大牺牲，但中国却没有享受到协约国的权利，当然也并未得到合成氨的“秘方”。

由于中国不能自己制酸，工业用酸完全依赖进口，每年进口硫酸铵数量巨大，既花费巨大，且数量、质量受制于人。范旭东在股东大会上不是讲如何扩大利润，谈的都是世界大势、国家命运等“大道理”，看起来好像是“不务正业”，其实是他具有战略思维和长远眼光的体现。如果没有此时的计划和布局，就不会有多年后永利酸厂的投产，永利的发展可能止步不前，中国工业发展也始终都要受制于人。范旭东显然不是井底之蛙，他以坚定的意志引领着企业前进的方向，从未放弃利国利民的思考。

1937年2月5日永利铔厂生产的中国第一包“红三角”牌硫酸铔（肥田粉）

爱国和做企业是相辅相成、殊途同归的。只有把企业发展结合国家发展战略，充分谋划，不断满足国家和人民的需要，才能得到根本的长远的发展。今天我国的人工智能、新能源汽车、电商蓬勃发展，就是既响应了国家号召，又能让人们生活更美好。所以虽然时代在变，科技在发展，但企业家的爱国精神需要代代不断传承。

15 惟中国工业尚在萌芽，万不能与日本比肩并进，不早事防止，实定影响中国之生存。防止日本人之再起，本为同盟国共同之责任，而协助中国之工业化，又为同盟国愿尽之义务。（1945年9月17日管制日本工业之我见）

在范旭东看来，日本侵华给中国带来巨大的财产和人员损失，作为战胜国，我们完全有理由对日本的工业进行管制。这样可以给工业尚在萌芽阶段的中国带来发展的契机。他提出了管制日本工业的“八条措施”。其中一条即日本化学肥料工厂，应“扫数向中国迁移”。

“专业的人做专业的事”。虽然范旭东没有上战场，但不能说他没有为抗战胜利做贡献。社会分工是人类发展进步的重要标志，社会越发达，分工就越细。站在范旭东的角度，发展工业是战胜日本的重要基础，控制日本发展军事工业也是防范日本的基本手段。他所提的八条措施，主要是要求日军归还侵占的我国工厂设备，同时防范日本发展军工，对民众赖以生存的轻工业均“网开一面”，并未断绝日本的生路。他还一针见血地指出，加快中国工业发展，是防范日本的治本之策。

在抗战胜利、举国欢庆之际，谁会保持如此清醒的头脑，思考如何避免悲剧重演？在日本战败、仓皇撤退之际，谁能理性分析日本“工业并未全部摧毁”，仍有军国主义卷土重来的危险？在战争结束、和平降临之际，谁知道中国富强之路在何方，工业振兴怎么办？爱国从来并不只是满腔热情、头脑发热，更需要的是冷静、理性、客观，更重要的是脚踏实地做好自己的事。范旭东是一名实业家，他不仅从化工发展的角度规划了“永久黄”未来的路，还提出了国家工业发展的思路。范旭东不是一位政治家，却以政治家的远见卓识，总结了日本侵华的教训，思考了防治之策。

政治家不是万能的，做决策离不开各行各业的专业意见。作为化工行业的专家，站在专业角度为决策者提供建议，这对范旭东来说责无旁贷。对国家而言，我们需要更多“范旭东们”仗义执言、出谋划策。今天我们通过制度设计，为各方人士建言献策提供了丰富的渠道。对大部分人而言，我们虽然不是决策者，但都有为国建言的义务与责任，特别是党外人士建言献策，是中国共产党领导的多党合作和政治协商制度的一大特色。

16 如其不齐心合力趁此时建军，我只怕即算同盟战胜，中国的地位，还是有名无实的。（1942年7月7日第五个“七七”纪念）

在全民抗战时期，国民军事教育的重要性不言而喻，但当时各界没有重视起来，学校组织学生军训敷衍塞责，流于形式，让范旭东痛心疾首。当时很多国人心怀侥幸：总以为日本占了东北，华北至少可以苟安几年；华北被侵占后，又觉得日本不会向华中华南进攻。范旭东深知日本军国主义的贪婪，认为必须丢掉侥幸幻想，准备战斗，“民族复兴，要血肉才换得来”。

七七事变在当时已经过去5年，血的教训是中华民族生生世世也忘不了的。范旭东的倡议是要痛定思痛，加快建军。不仅政府要努力，全国同胞也都要全力协助。但建军谈何容易？军事思想、身体素质、军事训练、武器装备等方面，距离战胜日本侵略者都还存在着巨大差距，必须举国同心、众志成城，方才有实现的可能。这是他办企业的经验之谈，找准方向，努力才有价值，排除万难也要实现。

范旭东是知识分子，但他注重实践，所以看问题的方式与其他人有着本质的区别，能避免空谈，抓住要害，直奔解决问题。一位实业家，因为深入一线、深入基层，提出了建议：须全民齐心协力建设强大的军队，需加紧训练，从青年抓起，从学生抓起。企业家的务实精神，看问题的独特视角，放在其他领域也是行得通的，正所谓融会贯通、一通百通。

17 基本工业举办极难，况在中国，百不如人，只以国亡民辱，不容坐待。概经发动于前，自当惟力是视以底于成。谨述颠末，敬候裁夺，俯赐援助。非锐个人之荣幸，民生国计实所利赖也。（1934年9月28日《为创办硫酸铔厂呈国防设计委员会委员长文》）

制酸在当时的重要性，可能跟今天的网络一样重要，想想要是没了互联网，我们还能干什么？农业用的肥料，打仗用的炸药，医药、印染、冶金等化工行业，都离不开酸。没有酸，就生产不出化肥，种田产量不高，所以饭都吃不饱。要是在和平年代，还可以从国外进口粮食，但当时国际环境日渐恶劣，有钱也买不到粮食，只能自己想办法提高粮食产量。

1931年，国民政府成立中国氮气公司，召集英德两家化工巨头公司来华，商议合办氮气工业，欲其为国防效力。然而在英德两家化工企业眼中，在华办厂旨在永久垄断中国市场，其条件苛刻，挟制诸多，如长此以往，中国将失去独立兴办化学工业的自主性，长期都要看外国人的脸色。

面对外企刁钻刻薄的嘴脸，范旭东毅然向政府呈文申请民间集资自办酸厂，为中华民族复兴肩负起创办酸厂的重担。

众所周知，创业难，在战火纷飞朝不保夕的年代，创业更难。碱厂的创办几乎穷尽了永利所有的心血，“惶惶十年”的艰险成功非易，在此碱业尚未稳固的情况下涉足酸业，不亦于自跳火坑。而在范旭东看来，国家的强弱与民族工业的发展是紧密联系在一起的，创办酸厂事关国人的荣辱，祖国的发展不容坐待，这是企业家责无旁贷的使命。

1937年1月26日，硫酸厂生产出第一批合格的硫酸；1937年1月31日，在液氨槽收到了 99.9% 的液氨，合成氨生产达到了设计要求；1937年2月5日，第一批硫酸铵也生产成功。永久黄团体用不到3年的时间再次向世界证明中国化工业已展翅腾飞。

永利酸厂的建设成功，被誉为中国化工发展的奇迹，这一奇迹的产生是范旭东以时不我待、只争朝夕的精神带领永久黄全体成员埋头苦干出来的。在当代，继承着前辈的事业奋斗的我们，更应与时间赛跑，在时不我待、只争朝夕的实干中，书写新时代的精彩华章。

18 在企业发达的国家，此类基本化学工业，自然是由大资本家出来肩任，中国目前既没有大资本家，就是少有资财者其目光也未必就能见到这里，因此不得不由我辈书生挺身去干。(1936年4月26日《在永利化学工业公司第二届股东会议上的报告》)

“书生气”一词，现在多用来贬低某人是个“书呆子”，只会死读书、认死理，不知变通。范旭东开创这么大的事业，却也有一番“书生意气”。不过这里的书生，却不是贬义。书生意气一词，来源于毛泽东的《沁园春·长沙》，形容青年踌躇满志、意气风发的真性情，这是很多人身上都存在或曾经存在的一种精神状态。范旭东与他的团队能创下庞大的“永久黄”集团凭的就是他们的一番“书生意气”和一腔爱国热情。

在化工业中，酸与碱有如鸟之双翼，中国的展翅高飞既已有碱，又怎能不产酸？1933年国民政府在多方考量后，批准了永利承办硫酸铵厂的申请，范旭东欣然接受了这个艰巨的任务，决心为中国化工业再苦斗一番。

在时人看来，永利规模最大、技术人员最多、实力雄厚，为中国承办铔厂非它莫属。然而当时的永利远无他人看来之光鲜，范旭东创办铔厂无异于自讨苦吃，稍有不慎将根基动摇，多年的努力都付之东流。

20世纪30年代的永利碱厂刚结束了与卜内

门的“混战”，又面临着俄碱入侵中国市场的挑战，在此根基未稳之际，如何保持市场地位，完成中国碱业之独立才是范旭东的当务之急。在大多数永利人看来，铔厂一事“诚不值吾人之牺牲矣”，但心怀大义的范旭东仍然决定为国办厂。

一个年纯利仅三十几万元的永利，创办动辄需要上千万资本的氮气工业，何其艰难。尽管范旭东通过增加股金、发行债券等方式筹措资金，仍然难以支撑建设铔厂的费用，不得已之下与银行签订了透支 110 万元的契约，并在侯德榜赴美采购设备时要求，优中求廉，坚持“凡国内可自制之机器仍在国内自制，以省糜费”。在范旭东的带领下，中国

建设硫酸铵厂，吊装设备

第一座规模宏大、设备先进的综合性化工厂用时不到3年就投入了生产，令世界叹服。

从久大到永利到硫酸铵厂的创办，范旭东和他的团队凭着书生意气，在化工战线披荆斩棘，创造出一个又一个的奇迹。如今的华为又何尝不是书生意气满腔热血，为实现祖国科技独立而奋勇拼搏着？我们相信，每个时代都有着一群持着书生意气的人，在他们的接力奋斗中，一个强大的国家、昌盛的民族、繁荣的社会指日可待。

19 报图之力未敢及人，设长此听其推移，不惟辜负当日光复旧物之初衷，且国家富源必永无开发致用之一日。（1933年11月至1934年1月政府呈文）

如今看来物美价廉的精盐，在20世纪初仅有洋人能生产，上层社会人士才有资格食用，普通百姓食用的皆是粗盐。旧中国因技术落后，精盐市场长期垄断在洋商手中，价格高昂。

1913年，作为财政部的一员，范旭东被派往欧洲考察盐务时发现，欧洲各国明文规定，若盐中氯化钠的含量低于 85%，则不允许用于喂养牲畜，而在当时的中国，很多地方的食盐中氯化钠的含量竟不足50%，中国人吃盐居然连国外的牲口都不如！由于化工人才极度匮乏，国内一直使用效率低下的煮盐法，产量低、成本高，这对资源是一种巨大的浪费。范旭东激起了发展祖国化工的雄心壮志，决心放弃官府的“铁饭碗”，肩负起创办精盐工厂、改良盐质的重任。

创业之路几多坎坷，范旭东逐一克服批文、设备、资金等难题，办起了中国第一个精盐厂——久大。1915年年底，久大的第一批精盐从生产线流出，中国人终于有了自己造的高纯度的食盐。久大精盐一上市，就因物美价廉赢得了广大民众的喜爱，也触动了洋人、旧盐商的既得利益，他们拉拢军阀对久大进行“围剿”。

久大精盐公司在20世纪30年代初刊登在报纸上的广告

在困境面前有人选择逆来顺受，有人犹豫不前错失良机，也有人在危难之中挺身而出，负重前行。在国家危亡之际，范旭东决不长他人志气灭自己威风，这是他作为一名化学家的使命。既已决心推动盐务改革，范旭东就绝不允许自己失败。旧盐商掐断原料，不再供应粗盐给久大，他就自己建立粗盐加工厂，与中国的精盐商合作解决原料问题；面对军阀每担精盐征收2元税银的要求，范旭东据理力争，决不妥协；地方政府刻意刁难，范旭东百般忍让，只求久大能顺利生产；洋商借盐务署之手对久大精盐公司制订了年产万吨的限额，并会同盐务稽核所封闭了长芦盐坨，妄图从原料上控制久大生产。此时恰逢五四运动爆发，在社会各界爱国人士的帮助与支持下，洋人不得不放弃对久大的打压政策。

久大的事业是开创性的，结束了中国千百年来制售土盐的历史，并在制盐的基础上生产牙粉、酱油等产品，在工业自主、实业救国的道路上迈出了一大步。

20 听到某处杀了一个革命党，或是某处破坏了革命机关，心里异常懊恼，甚至几天还不畅快，总觉得人家也不过是中国人，这样拼命为国，实在钦佩。（1935年10月10日）

范旭东说自己秉性迟钝，一向来不及干革命，内心十分敬佩视死如归的革命者们，自称一无所能。但他又何尝不是另一个战场上的“革命者”，拿自己一生的事业去为积贫积弱的旧中国谋一个出路。

1916年，刚刚打开长江流域精盐市场的范旭东，又开始探索起制碱一事。当时的北洋政府财政困难，每日奔波于各国银行寻求借款，这时英国提出了垄断中国制碱工业的条件才答应借款。然而碱作为化学工业之基础，范旭东怎能让中国碱业落入外国人手中？虽此时资金短缺、技术匮乏，范旭东仍坚持创办永利碱厂。

既已下定决心，范旭东就不给自己留任何退路，因为这是粉身碎骨也要硬干出来的事。当时国际通用的制碱技术是苏尔维制碱法，但由于苏尔维公会的专利垄断，非会员国不能使用其方法，甚至有的企业为了保密规定，职工退休后不准再进入工厂。在此情况下，永利想要购买碱厂设计方案、学习制碱技术何其艰难。在制碱路上，永利受过蒙骗，花大价钱购买回欧美早已淘汰的劣质设备；几易设计图纸，因不敢轻信外国设计师；为节约资本部分设备由国内工厂制造，结果因技术问题诸多成品不合要求，需退还重铸；缺乏专业技术人员，导致生产中常出现各类问题难以解决；遭受过股东的质疑和卜内门公司的打压，永利几度濒临倒闭。幸而范旭东有着一颗坚韧的心，屡败屡战，把一切质疑与压迫都化为前进的动力，义无反顾地投身到实业救国中去，用一生探索救国之路。

化工的战场上，没有战火与硝烟，没有抛头颅洒热血的激昂，但一样需要有人去披荆斩棘、开辟道路，一样需要死拼、开拓创新的精神。范旭东是一个“肯把颈血去拼”的“革命者”，在实业的战场上一往无前，他创造了一个又一个中国奇迹。

21

大势鞭策吾人，担负更重之任务，碱厂之外，必须将锤、焦两厂同时建造。（1940年元旦《敬告公司同人》）

范旭东说“大势鞭策吾人，担负更重之任务”。大势是什么？是1937年七七事变的尸横遍野，是惨绝人寰的南京大屠杀，是华北、华中、华南大部分土地沦陷，是国家支离破碎的悲痛现状。在这样的大环境下，范旭东创办的永利、久大都已相继落入侵华日军之手，他二十余年的心血、几千万的资财付诸东流。即便如此，范旭东仍告诫公司同仁，要各尽其力，为祖国担负起建设国防化工的重任，为中国打造一个华西化工基地。

1940年的“永久黄”西迁重建已30个月。论交通，沿海港湾被日本占领，国际交通线封锁，只能开辟新的交通线；论资金，永利、久大百废待兴，入不敷出，且战时物价、运费高涨，负担与日俱增；论环境，川地资源未辟、恶疫不绝、治安混乱，生活时感威胁。西迁建厂困难重重，需要非凡的付出才能获得一番成就。

范旭东认为“人人以效死疆场之心为心，天下绝无失败之理”，既已决定为国负重，就要以国家抗战需要为重。前方战事不断，钢铁需求极大，永利就配合金陵兵工厂的生产建立铁厂，为前线提供了大量的枪支弹药；资源受限无法建设苏尔维碱厂就改建路布兰碱厂供应市场；没有原料就自己开井、开矿，从盐巴里提取溴，从矿山中寻找石膏、硫酸镁矿，为医药工业提供原料，想尽一切办法支援国家抗战工作。

1940年永利川厂深井部钻勘井架，钻深1200余米，创当时中国深井之最，钻勘出盐卤、石油、天然气

回首过去，中国的辉煌成就就是在一代代中国人负重前行中实现的。如邓稼先、钱学森等为了祖国的国防事业，献身“两弹一星”的留学精英们；一生都在为解决中华儿女“吃不饱”的问题而奋斗、为实现两个梦而努力的袁隆平院士；为祖国核潜艇事业奉献了毕生精力的“核潜艇之

父”黄旭华；生命最后10小时仍奋斗在工作岗位上的林俊德将军……

正是因为有他们的负重前行，有他们的不惧风雨，中国在风雨飘摇中站了起来，创造出中国奇迹，而作为当代青年，我们肩负建设现代化强国的重任，更应责无旁贷地承担起历史赋予的使命，开拓进取，砥砺前行。

二、范旭东说带团队

（张亚林）

1 我辈对于人生觉得无可乐观，也无（勿）庸悲观。受社会的贡献，同时还贡献给社会，各尽各的能，各遂各的生，把希望当作勇气的来源、排除万难的武器，所以一年三百六十五天的干，精神上倒是很安闲，人生乐趣，或者就在这里啊！（1928年9月30日《人生的乐趣何在》）

常言道，人生三大乐趣要数知足常乐、苦中求乐、以苦为乐，范旭东对此深有体会。他觉得自己这辈人好像在黑夜里坐着的一只破船，在狂风巨浪中漂荡似的，所以要珍惜眼前拥有的一切，应该知足常乐。毕竟得到了生活的满足，又体现了自身价值，对社会有所贡献。同时，也要苦中作乐，“既上了船，只好任它去漂”，要各司其职，各尽其力，共同维护着团队现在的生活和工作。当然，还要以苦为乐，要对未来充满希望，这样才能有一往无前、攻坚克难的决心和勇气，一起去开创团体事业。体会到这三大乐趣，自然就能守住内心的淡定与宁静。

范旭东的乐趣是赚钱吗？他是开公司办企业的，被称作“商人”。在中国历史上，人们对商人的评价并不高——士、农、工、商，“商”是社会地位不高的一个阶层。因为在传统认识中，商人的盈利方式是低买高卖来获取利润，实质上不创造价值。范旭东可不是普通的“商人”，而是企业家。他与那些旧式的“商人”追求赚钱和享受不太一样，他是一个有家国情怀的人。范旭东这种企业家追求自己的人生价值，那就是如何去实现自身价值和团队目标，并在此过程中报效国家。

伟大的发明家爱迪生说过：“有所成就是人生唯一的真正的乐趣。”范旭东的乐趣就是好好活着，更要活出精彩，在团队合作中不断创造价值，贡献社会。人既然从社会索取而活着，就要活着为社会做贡献。目标和价值的实现都是从每一天、每一件事开始的，要立足岗位，坚持“一年三百六十五天的干”，干出属于自己的辉煌和团队的未来。

当今世界，正经历百年未有之大变局，企业家更要沉下心来做实业，在创业实践中找到乐趣，在团队合作中找到乐趣，以创新引领实体经济转型升级，不断增强竞争力、创新力、抗风险能力，推动中国经济巨轮乘风破浪、行稳致远。

2 今日的老兄，是有权有责的，只须“神而明之”。运用权责，使部下权责分明的做下去，效能就会高起来，而决不是自己天天在公事房做例行公事所能做到的，甫兄主张“无为”，我以为一定是指这个而言。做首领的人，不着重运用头脑，促进全局，而运用手脚，料理日常公事，效能必不会提高，必须注意“劳于用人，逸于治事”。（1944年8月7日，沙坪坝《范旭东与唐汉三信》）

范旭东是个带团队抓人事的行家，有自己独到的“用人艺术”。在永久黄集团中，他将所有事务性的工作都交给管理人才、科技人才，自己则集中精力同管理核心、技术骨干商讨企业发展方向、谋划中国化学工业发展大计。他的这种“授权式管理”很有效，给下属提供了很多成长和发展的机会，他自己可以省心大胆去谋划蓝图，下面的人可以放心大胆去真抓实干。实践中，他提出了“神而明之”和“运用头脑”的团队管理方法，总结出了“劳于用人，逸于治事”的实践经验，从而打造了一个人才梯队，吸引了侯德榜、孙学悟、陈调甫、李烛尘、唐汉三等一大批能人志士，夯实了永久黄团体事业的人才根基。

做正确的事比正确地做事更重要。企业能走多远，取决于企业家能看多远。范旭东的任务是带着团队成员做正确的事，因为他的视野决定了永久黄团体事业的发展范围和方向。永久黄团体的人才库不是靠“挖”来的、“抢”来的，而是被范旭东的事业蓝图和战略眼光吸引来的。孙学悟就是放弃在开滦煤矿的优厚待遇，毅然加盟永久黄团体，刚“跳槽”过来时，还只是久大化学室的主任。

“劳于用人”，需要选人的智慧，更需要用人的信任。侯德榜也说：“范先生遇事功归于人，过归于己。”创办永利碱厂的过程中，曾三次出现过倒闭的危险，股东们意见纷纷，怨言很多，要求另外请个外国工程师来代替侯德榜。每次范旭东都把责任留给自己，让大家不要去干扰侯德榜的工作，直到侯德榜在技术上取得世人瞩目的突破。这就是信任的力量，也是范旭东用人的胆识。

侯德榜

“逸于治事”，离不开管理层和技术层的执行力。管理层是战术家，“厂长为全厂表率，一切厂务最后取决于厂长”，管理好了厂长，就管理好了企业。管理好了技术人员，就能保证生产力。所以，不论在事业起步阶段，还是在事业有成之时，范旭东几乎没有解聘过一名技术人才，即使是在企业停工的抗战时期，也是照常把他们“养起来”。

范旭东不光是永久黄团体这艘巨轮的掌舵者，也是眺望远方的人。企业家首先应该是战略家，首要责任是制定战略，包括发展战略、人才战略……他需要对企业发展方向进行敏锐的把握，并且确实实现了目标。

3 我们的事业若要成功，全在技术，你此次赴美，要在美国多方物色人才，古往今来事业的兴衰沉浮都证明：人才是事业的基础。（1918年范旭东与陈调甫语）

20世纪初期，“环顾欧美殆皆以碱厂产量多寡判国力强弱”，大家都知道建立中国人自己的碱厂已经是迫在眉睫的事。范旭东趁着欧洲考察的机会，多次想进到外国碱厂参观，但都遭到拒绝。在英国的时候，甚至还被卜内门工厂戏弄。这些种种遭遇更加坚定了范旭东的想法，那就是一定要“招兵买马”自建工厂。

1918年，范旭东在天津召开了永利碱厂成立大会。他知道人才太重要了，对即将赴美求学的陈调甫千叮咛万嘱咐，“人才是事业的基础”。陈调甫在美求学期间，为永利物色到了许多优秀的人才，其中最为出色就是被称为“中国制碱第一人”的侯德榜。当时的侯德榜还不会制碱，但是作为一枚“学霸”，学识渊博不用说，在制革领域也是颇有建树。知道这件事后，范旭东向侯德榜发出了邀请函，信中字字句句情深意切……侯德榜被范旭东打动了，毅然放弃了自己专攻多年的制革事业，踏上了归国之路。

范旭东自己也知道，制碱技术那是一门绝活，不是一下子就能摸索出来的。要想办好厂子，就要有人有机构专门搞研究，这样很多的技术问题也可迎刃而解。为了满足化学工业发展的需要，招揽高端技术人才，范旭东发出了招贤榜，“世界有欲阐明学理开发利源以贡献于祖国而致民生之福祉者，幸毋遐弃，曷赐教焉！”听到他哥哥范源濂说，有个叫孙学悟的博士是位饱学之士，能主持研究社的工作时，范学东欣喜若狂，立即派侯德榜去邀请孙学悟加入自己团队……1922年8月，由孙学悟担任社长的黄海化学工业研究社正式成立。

黄海社社长孙学悟

从范学东的“得人者昌”到华为的“人才计划”，从刘备的三顾茅庐到现在的人才强国战略，都证明一件事，那就是：人才是强国兴邦之本、裕国足民之基、创新发展之源。

俗话说：千军易得，一将难求。带团队，尤其要抓好人才队伍建设，为人才创造最优条件，搭建最好舞台，才能更好地留住人才，让人才资源为发展注入持久原动力。

4 况且家乡风味，大家当然没有不喜欢的，不仅是喜欢，还能够鼓励我们向前迈进的勇气。所以这个赠品，可以说是“千里送毫毛”，礼虽说是轻，情意却很重的，也不可太小视它啊。兄弟们啊！我希望大家都踊跃多多的（地）投稿，我来替你们效传递捷报和互通消息之劳，这就是我旬刊的使命。（1928年9月20日《为什么要办旬刊》）

《海王》旬刊于1928年9月20日在天津创刊出版，这是永久黄团体的喉舌，也是中国的第一份企业刊物。这份刊物自创办起，除两次因战争破坏导致短暂停刊外，每年出刊36期，前后共出版700余期。正是有了这个载体，永久黄团体的联系更加紧密，社会各界对这个团队的认识更为直观。据说1935年，上海、南京等各地的工商业者、科技工作者和大学生，都纷纷到久大、永利参观，塘沽这个小渔村一下子成了热闹的“打卡地”。

范旭东是《海王》的创刊发起人，并在创刊号上亲自撰写了发刊词《为什么要办旬刊》。“效传递捷报和互通消息之劳”，这是《海王》的宗旨和使命。《海王》所刊文章大多短小精悍，一般刊登化工业界相关的工程和管理上的文章、永久黄团体各部门工作梗概。你以为只有这些？你想错了！《海王》有味得很，内容也很丰富，在刊尾开辟“家常琐事”专栏，刊

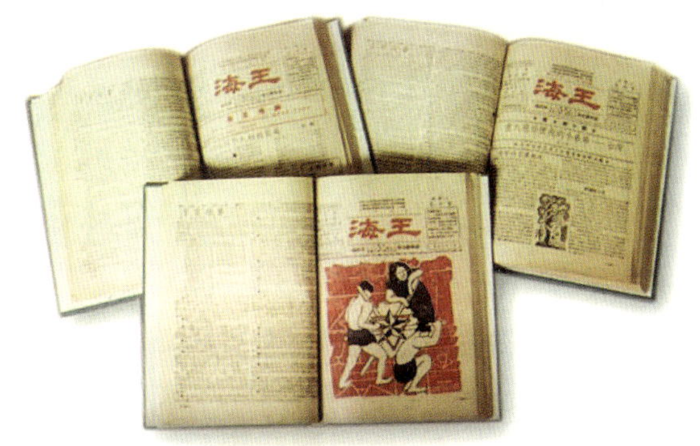

1948 年《海王》合订本

登杂文、诗歌和游记。侯德榜的《旅美日记》就是大家喜欢的“家乡风味”。

范旭东是《海王》的忠实读者，《祝〈海王〉长命百岁》(1932年12月10日）里面就谈道：“我来香港不过月余，看到《海王》第一期里一篇无成心无恶意的皇皇大文，悲壮淋漓，使在港区过了许久枯燥生活的我不觉心花怒开。”何以解忧？唯有《海王》。他也是《海王》的积极撰稿人，前后写下不下百篇稿子。即使因公外出，也有文稿寄回编辑部，如1940年10月，他经香港去美国，在旅途中写下几万字的《长征》。

“期望他永远做我们这团体的胶着力”（《〈海王〉万岁》1943年9月20日），这是《海王》旬刊的使命。《海王》是成功的企业宣传品，因为她对内有效地凝聚起了永久黄团体的智慧和力量，对外有效地提升了永久黄团体的认知度、美誉度和影响力。这种成功带给我们很多的思考，久大、永利、黄海社的事业萌发、发展在我们民族、我们国家最危难的时候，《海王》就是一盏指路明灯，照亮永久黄团体的前进之路、照亮中国民族工业发展之路，也照亮中华儿女实业救国之路。企业的竞争力大小，不单单是看市场中的地位高低，还要看企业文化的软实力，这对于企业进步也是尤为重要的。这种文化软实力的塑造就需要借助宣传的工具。要通过喉舌的作用，占领思想舆论阵地，巩固和壮大我们的发展力量。

《海王》旬刊已经成为历史，《海王》精神却是永久财富。我们现在站在新的历史时期，走得再远都不能忘记来时的路，越是处于改革攻坚期，越需要汇集众智、增强合力；越是处于发展关键期，越需要凝聚人心、众志成城。

5 绝对以克己精神自制，勿令公家吃亏。爱护事业，不徇私情。互相砥砺学行，勿甘自暴弃。（1948年1月1日《久大盐业公司总管处通告各厂处公函》）

一个企业会带着很深的负责人的烙印。范旭东离开了，但是他的为人处世作风一直影响着身后人，他的团队管理经验和遗训一直影响着永久黄团体事业。在永久黄集团企业中，人们看到的“以克己精神自制”的印记，这正是其掌门人范旭东的性格特点。

久大创立不久，范旭东就给自己定下三条原则：一是不利用公司钱财来图私人利益；二是不利用公司地位来图私人利益；三是不利用公司的时间来办私人事务。在三条铁的原则指引下，他从不克扣剥削工人。工人所创造的利润都用来发展中国的化工实业和提高工厂员工的工资与生活福利待遇。侯德榜在范旭东先生的追悼会上说：“先生当公司总经理三十余年，出门不置汽车，家居不营大厦，一生全部精神集中于其事业，其艰苦卓绝……”他在《追悼范旭东先生》一文中也提道：范先生死后，有某机关人以为范先生创立偌大事业，必留有许多遗产，来相询问。殊不知先生生前两女公子赴美留学之费用，已苦无法筹措。家族之生机，侄辈之教育，俱发生困难。

范旭东身后没有留下什么遗产，外孙女林红称他为“赤脚光地皮”。其实，范旭东留下了宝贵的精神财富，他用一言一行为团队树立了榜样。能克己，方能成己。范旭东的克己，不仅成就了自己，也壮大了“永久黄”，还影响着身边人。李烛尘刚到公司的时候，住在一个法国人的房子里，租金很贵，但都由厂里支付。可是，看到范旭东先生的简朴作风，李烛尘自己觉得这样做太过靡费了，就主动搬离了那间舒适的洋房，住到一间旧房子，而且一住就是十几年，直到永利碱厂生产了合格的纯碱，赚钱盖起了新的职工宿舍。

克己是解决人生问题的首要工具，也是加强团队工作的重要手段。很多企业家都是依靠克己成就自己的人，能够克制约束自己的欲望，才能成就自己和团体事业。人能够到达的最终高度，取决于对自我要求的程度。团队能够到达的最远距离，取决于对自身管理的程度。要想站得高、走得远，不妨向旭东先生学学克己。

6 (一)我们在原则上绝对的相信科学。(二)我们在事业上积极的发展实业。(三)我们在行动上宁愿牺牲个人顾全团体。(四)我们在精神上以能服务社会为最大光荣。（1934年9月20日《本团体信条》）

事业是在发展中曲折前进的，前进路上总会遇到磕磕绊绊。随着永久黄团体事业的发展，员工中思想上贪图安逸、工作上偷奸耍滑、学习上不思进取的现象也慢慢滋生。范旭东及其团队成员意识到，要想实现发展中国实业、服务社会的目标，还有很长的路要走，面临的困难也会越来越多，如果躺在“功劳簿”上，那就只能止步于此了。为此，他们也是想方设法改变这种现状……

统一了思想才能统一行动，凝聚了共识才能凝聚力量。《海王》第6年第19期刊出了《为征集团体信条请同人发言》一文，一来提振发展信心，二来形成发展共识。拿现在的话说，就是凝聚企业文化。永久黄团体根子上还是很团结的，在“征集信条联合委员会”的推动下，大家积极建言献策。经过严谨细致的筛选和总结提炼，最后形成了“四大信条”，并于1934年9月20日正式公布在《海王》上。从此，《海王》每期都用醒目字体刊登“四大信条”，直至1949年停刊。

一个企业有硬实力和软实力两个方面，硬实力是企业的核心技术、业务量等，软实力就是

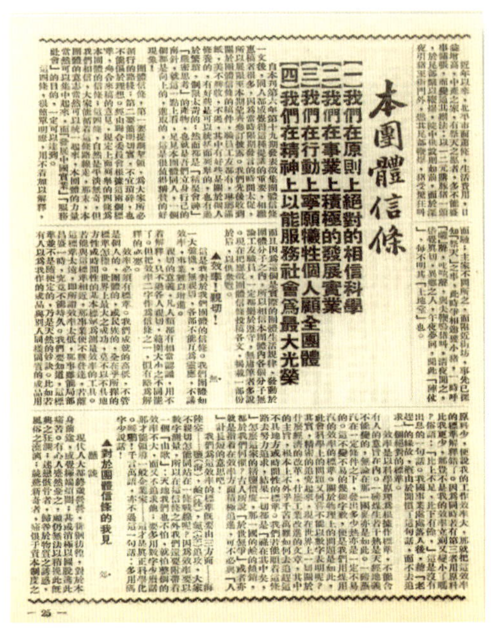

本團體信條

〔一〕我們在原則上絕對的相信科學

〔二〕我們在事業上積極的發展實業

〔三〕我們在行動上寧願犧牲個人顧全團體

〔四〕我們在精神上以能服務社會爲最大光榮

▲效率！親切！

▲對於團體信條的我見

《海王》上发表的“四大信条”

企业精神、企业文化。永久黄团体的硬实力不必说，那称得上是中国民族工业的脊梁。以“四大信条”为核心的企业精神则代表了永久黄团体的软实力，这也是走在时代前列的，在当时赢得了教育、新闻等各界人士的广泛赞誉。

“四大信条”很精辟，也很管用。它是永久黄团体长期实践中形成的思想、观念、作风和行为准则，是集团员工的日常行为规范，是这支团队共同的信念和是非标准，绝不是某些企业文化墙上可有可无的“装饰品”。“四大信条”已经深入人心，一直潜移默化地影响团体员工的生产生活。即使后来范旭东走了，全体同仁仍遵照他的遗言“齐心合德，努力前进”，全力投身生产建设中。这就是“四大信条”的精髓，这就是永久黄团体的企业精神。

7 我们的头顶，个个都放光了。但是盛气并没有比当年稍减，最高兴的是这十八九年来，我们内部的创业精神没有涣散，同事个个保持着书生本色，淡泊自甘，心身都很安泰，万方多难的今日，这是多么难得。（1936年《一个过来人所述的永利化学工业公司事迹》）

1918年，范旭东等人发起成立永利制碱公司；1920年，“红三角”商标核准通过；1924年，制出黑红色的碱；1926年，第二次开机生产……历时8年，永利制碱公司终于生产出了真正的碱。这是值得载入中国化工史册的重要时刻。1934年，范旭东将永利制碱公司改组并更名为“永利化学工业股份有限公司”。1936年，在回顾公司的发展历程时，他说：“我们内部的创业精神没有涣散，同事个个保持着书生本色。”干事创业最不能缺的就是精神，企业发展和壮大最离不开的就是创业精神。一旦精神缺失，就会缺乏斗志、缺少追求。而一旦创业精神缺失，就不可能成就永利从无到有、从有到强的辉煌事业。

范旭东是我国化学工业的拓荒者，在荒芜的基本化工领域创建了永久黄团体。这支创业团队一直行进在艰辛而坎坷的创业路上。范旭东曾说：“创业难，带有革命性的创业尤难。”即使这条路再难走，范旭东他们还是走出了坚实有力的步伐，并且越走越远、越走越宽。他们生产的纯碱，打破了欧洲大公司长久的垄断，在1926年万国博览会一举夺得金质奖章。

在永久黄团体的字典中，没有“守业”只有“永远创业”。在创业精神的引领下，范旭东及其团队成员创造了一个又一个奇迹，中国第一个精盐厂、第一个纯碱厂、第一个硫酸铵厂。他们构建的以盐为体，以碱、酸为翼的“一体两翼”构架，挺起了中国民族工业的脊梁。这种精神也在深深影响着一代代企业家。今天，我们熟悉的海尔集团张瑞敏也曾说，“海尔人只有创业没有守业”。海尔在发展中，每次都在“最好的时光里改变自己”。

创业不仅是为了赚钱，还是超越金钱之上的一种信念，更是一种开拓与实干的精神。正是这种精神，让无数创业团队逢山开路、遇水架桥，用勇敢、勤劳和智慧创造着一个又一个的奇迹。正是这种精神，让无数创业团队在改变自身命运的同时，也改变着中国，推动着中国站起来、富起来、强起来。正是这种精神，改变着世界，让无数创业团队推动着技术革新和进步，让产品与服务日新月异。

8 百忙之中，因感于前途荆棘丛生，设干部团结不巩固，对事业无真正切实澈底了解，新事业殆无成立可能。（1943年1月3日《致部长会议函》）

俗话说，单丝不成线，独木不成林。人聚在一起，就成了团体，就要说说“团结”。团结是永久黄团体一直关注的问题。范旭东作为团体核心，始终致力推动集团内部的团结，1943年他在纽约发给永利公司部长会议的信函电报中，也不忘勉励公司员工要加强团结。

团结很重要，怎么强调团结都不为过。企业稳健发展，离不开团结；企业做强做大，离不开团结；企业遭遇发展困境，更离不开团结。那时正处在抗日战争时期，“年来公司各部皆在极度困难中挣扎”，这次部长会议也是难得的一次聚会，尽管范旭东不能亲自到会，但他希望各部部长克服困难，团结一心，“个个拼命”。

团结是永久黄集团发展的“活水源头”，也是扼杀企业“不正之风”的有力法宝。当时，永久黄团体内部确有不和谐的氛围，“即同人中往往因不明永利前段所述之事实，以为永利公司纵非为利，同人奋斗，乃是范某个人成名”，范旭东对此比较痛心。这个时候，需要增进团结，用团结来化解矛盾和误解。只有员工之间彼此信任，消除隔阂，相互支持和帮助，才能组成一个充满活力、团结合作的团队。怎么抓团结？范旭东告诉大家坚守住共同的目标，“是为祖国报仇，是代各人的祖宗补偿从前不认识科学、工业之过失”。

讲团结不是一团和气，讲和谐也不是“和稀泥”。说到讲团结，大多是在一个团队中讨论，是跟自己身边人、自己亲近的人讲，那就要坦诚相待，防止“假团结”。范旭东是“真团结”，是带着一颗公心在讲团结，是为了永久黄团体事业的持续发展在讲团结。他敢于表明自己的态度，没有含糊、没有遮掩，既点出了问题，也提出改进方向和奋斗目标，希望通过凝聚共识，夯实共同的思想根基，推动团队事业顺利发展。

9 欲成一业，端赖共事之人一德一心，任劳任怨，绝无侥幸成功之理。

（1940年1月1日《敬告公司同人》）

纵观古今中外，各项事业的成功都是在通力合作中实现，战国时期赵国的强大得益于“将相和”；三国时期赤壁之战的以少胜多关键在于刘备与孙权的协力抗曹；《资本论》的问世离不开马克思和恩格斯的通力合作，永久黄团体事业的发展壮大也不外如是。

永久黄集团是由久大盐厂、永利碱厂、永裕盐业与黄海研究社等“四兄弟”组成，要想让四个各奔前程的“兄弟”都取得不俗的成绩，促成一个集团的发展壮大，自然离不开兄弟们齐心协力，相互合作。

1928年3月30日久大永利总管处同人合影，前排左五为范旭东

1924 年 8 月 13 日，耗费 200 多万元的永利碱厂终于正式投产了，然而令人失望的是6 年艰苦奋斗的成果仅是一堆黑红相间的“怪胎”。面对这个结果，股东们开始动摇了，谁也不愿继续投资，不得已之下，范旭东只得从久大借款来维持永利的运营。久大在只有40万资本的情况下，仍然拿出了20万支援永利，幸而永利也未辜负兄弟的厚望，在苦心钻研近两年后，终于生产出了真正的碱，成为远东第一个生产出纯碱的企业，在中国化工史上留下了浓墨重彩的一笔，被誉为“中国化工进步的象征”。

一个成功的企业需要每个员工同心同德、共同奋进。1937年8月7日，塘沽沦陷，面对日本人打着“日中亲善”的旗号妄图“名正言顺”霸占永利的丑陋面孔，范旭东宁为玉碎不为瓦全，带领全体员工西迁入川，计划重新开始永利的事业。

盐是制碱的原料，四川自贡以盛产井盐著称，然井盐工序繁难，其价格远高于海盐10倍，而当时永利采用的索尔维制碱法对盐的利用率仅70%~75%，浪费颇多。为了节约成本，侯德榜带队远赴德国学习利用率高达 90%~95%的蔡安法。然而德国作为日本的同盟者，又怎么会帮助中国发展实业?

面对德国的百般刁难，范旭东和侯德榜决定靠自己的力量研究新的制碱工艺。侯德榜在德国与美国四处搜集与制碱相关的资料，制订试验计划，范旭东则带领永利工程师前往香港与上海完成实验。一方在彼岸学习技术制定方案，另一方在国内收集器材反复实验，战乱与距离无法阻止他们前进的脚步。1941年，历经3年的艰辛，在侯德榜与永利科研团队的攻坚克难下，一种类似蔡安法但又远胜于蔡安法的制碱工艺被研发出来，这就是“侯氏制碱法”。他创造了中国化工业的一大奇迹。

永久黄集团的成功，凝结着范旭东的付出与心血，更离不开永久黄团队成员的同心协力、齐头并进。

着眼当下，面对百年未有之大变局，要实现中华民族伟大复兴的中国梦，需要人人都肩负起对国家和对民族的责任，需要人人都脚踏实地地接力奋斗。

10 两公司在今日这种情形之下，惟（唯）一的希望，就是在厂的职员工友为公司多吃点苦，努力工作，使成本减轻，才能打过这难关！才能大家有饭吃！两厂事业的基础，才能保得住！（1929年8月20日范旭东致久大工厂职员工友公开信）

久大发展的前十年，是饱经风霜的十年。经历了与旧盐商的竞争，扛住了洋人的打压，在南方新政权的虎视眈眈与北洋政府的层层剥削中，艰难前行着。1929年，淮商为垄断盐业，集合其背后的朝野势力对久大进行围剿，取消了湖北省政府核准并经财政部长签准行销内地2000袋精盐的旧案，导致久大精盐销路大滞。对此范旭东绝不妥协，号召久大成员同舟共济："惟（唯）一的希望，就是在厂的职员工友为公司多吃点苦，努力工作，使成本减轻，才能打过这难关！"

同舟共济一词可以说是贯穿了范旭东的一生。幼年时，与兄长范濂源追随梁启超维新变法、寻求救国之路，最终被逼流浪日本十余载；青年时期，与一群志向相投的青年们为实现实业救国的理想在艰难坎坷中砥砺前行；年逾半百仍初心不改，坚持与祖国风雨同舟，探索国防化工业，为前线的战士们提供后勤保障。

特别是在1937年，永久黄团体的各项事业都在蓬勃发展，技术人员众多，产品获国际金奖，市场稳定，产销两旺，呈现一派蒸蒸日上的景象。然而，七七事变后日本全面侵华，8月7日塘沽沦陷，至此拉开了持久抗战的帷幕。面对日本人的威逼利诱，范旭东发出“宁举丧，不受奠仪”的宣誓，决定带领永久黄全体成员西迁入川。在此后艰苦的8年里，永利几乎没有收入，全靠举债度日，但在这样的情况下，范旭东仍坚持不让技术人员离散，与职工讲明情况，要求谅解共渡难关，并购置巨量大米，与职工一起同甘共苦，渡过了艰难的抗战时期。

覆巢之下焉有完卵。范旭东在抗日战争全面爆发以后，更加坚定地意识到，中国国防化工问题关乎国家未来，决心与祖国守望相助。他刚在重庆落脚，就开始着手建设铁厂，配合金陵兵工厂的生产，为前线提供了大量急需的金属制品。带领着黄海研究社的成员因陋就简，“用中国的原料研究生产中国需要的产品”。解决五棓子制造棓酸技术问题；设立酒精厂以取代汽油，缓解了战时燃料短缺的问题；生产氯化钾供应兵工厂等等，并表示各类研究成果“一切归之国家，绝不自私”，立志与国共存亡。

范旭东带领团队生动诠释了上下同欲者胜，同舟共济者赢之含义。

11 因此我辈有个最低限度的愿望，第一凡是一个团体，须要合全团体的力量去排除那妨碍人家尽本分的分子，进一步奖励各分子能各尽其本分。再进一步请求注重尽本分的各人都匀出一部分精神出来为团体出力，直接维持团体的生命，间接维持自己尽本分的生命，这种精神将来能够扩大起来，未尝不是这垂危的祖国一线生机。（1928年11月20日《团体生活》）

对于管理，大家谈的最多的就是团队。作为管理者，最重要的任务就是培养团队意识。永久黄团体看似是几个独立的个体，但团队意识却很强，这与范旭东的管理理念分不开。范先生平常很关注团队精神塑造，《海王》（第1年第6期）就曾刊登过他的《团体生活》一文，记录下了“人类的生活，是不能离开团体的”“我辈想要维持各人的生活，同时就得要维持团体的生命”等不少经典管理语录。

一滴水只有流进大海里才永远不会干涸，一个人只有当他把自己和团队事业融合在一起的时候才能最有力量。范旭东说，“一个人如果忘记把团体的生命维持起来，团体固然要消灭下去，分子也是不能幸免的。”自古以来，很少有人能依靠一己之力获得某项巨大事业的成功，唯有依靠团队的力量，依靠他人的智慧，才能使自己立于不败之地。项羽在与刘邦争夺天下的过程中，一开始，只要项羽亲临战斗，那是每战必胜。但最终结果，却是刘邦势力越来越大，而项羽的势力却越来越小，最终落得个自刎乌江的结局。刘邦曾说，自己谋策不如张良，治国不如萧何，打仗不如韩信 。正是这个看似“不正规”但是人尽其才的团队帮刘邦成就了伟业。刘邦的胜利，是团队的胜利，是一个团队对一个单人的胜利。永久黄团体事业的成功也是团队的胜利，是范旭东、侯德榜、李烛尘及其团队成员的胜利。

时代需要英雄，更需要优秀的团队。2015年诺贝尔生理学或医学奖获得者屠呦呦在主题演讲伊始就强调：“诺奖不仅是授予个人的荣誉，也是对全体中国科学家团队的嘉奖和鼓励。”只有英雄的团队，才能造就英雄的个人。一个团体，如果组织涣散，人心浮动，人人自行其事，甚至搞“窝里斗”，生机与活力就无从谈起，更别说干事创业。在一个缺乏团队意识的环境里，个人再有雄心壮志，再有聪明才智，也不可能得到充分发挥！

12 公司自二十七年春，在情形万分危急之下匆促入川，于今将近七年，幸同人一德一心，维持到今日，且获相当进展，在锐个人实万分感激。惟内外形势如此，吾人欲不受摇动，打破最后难关，必得再加紧张，吾等不仅各人之职务须切实认真做去，尚应顾全公司全局，一言一动均当顾念大局，忘记小我。（1944年9月16日范旭东致同人函）

顾全大局才能成就大事。永久黄团体是一个有大局观的组织，范旭东及其团队成员个个都是善于观大势、谋大事，自觉在大局下想问题、做工作。

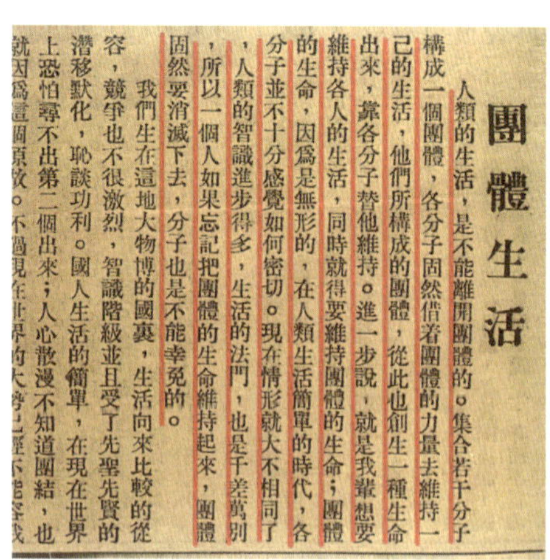

團體生活

人類的生活，是不能離開團體的。集合若干分子構成一個團體，各分子固然借着團體的力量去維持一己的生活，他們所構成的團體，從此也創生一種生命出來，靠各分子替他維持。進一步說，就是我輩想要維持各人的生活，同時就得要維持團體的生命；團體的生命，因爲是無形的，在人類生活簡單的時代，各分子並不十分感覺如何密切。現在情形就大不相同了，人類的智識進步得多，生活的法門，也是千差萬別，所以一個人如果忘記把團體的生命維持起來，團體固然要消滅下去，分子也是不能幸免的。

我們生在這地大物博的國裏，生活向來比較的從容，競爭也不很激烈，智識階級並且受了先聖先賢的潛移默化，恥談功利。國人生活的簡單，在現在世界上恐怕尋不出第二個出來；人心散漫不知道團結，也就因爲這個原故。不過現在世界的大勢已經不能容我

范旭东在1928年11月20日发表的《团体生活》

顾全大局是一种担当。我们做任何一项工作，都要在大局中思考和定位，学会从整体角度考虑问题，个人目标要符合大局要求，要有牺牲

的精神，处处以集体的利益为重。唯有如此，才能顺势而为、有所作为。久大在永久黄团体事业中，正是牺牲小我成就大我的角色。范旭东在《久大第一个三十年》中，充分肯定了久大“顾大局”的责任担当。他说，“其实久大在本身业务上的表现，还远不及间接的来得伟大……”“每每逼到山穷水尽时光，就指着久大挹注，一再而三，年复一年，非同小可”。

顾全大局是一种责任。顾全大局有时要超越自身的工作岗位，去承担一些“别人的事”、别人不愿做的“苦差事”。顾全大局有时甚至要超越自己的小集体，去承担国家责任和民族使命。永久黄团体最讲大局，不仅体现在个人、集团内部，还体现在为产业、国家和民族做贡献。众所周知，在制碱技术方面，索尔维集团一直实行技术封锁。永利成功制碱后，也面临如何处置制碱秘密的问题。是独享盈利，还是出售技术？在范旭东支持下，侯德榜将10年苦战所取得的制碱经验公开了。这就是一个人的格局、这就是一个企业的大局观。“我们在行动上宁愿牺牲个人，顾全团体”，这是范旭东为“永久黄”集团订立的信条。他们说到了，也做到了，并且做得惊天动地。

胡适曾说，发明不是发财，是为人类。为全人类搞发明，这是讲大局。过去，我们有“永久黄”；今天，我们有袁隆平为代表的众多科学家。袁老也是无私将自己的专业贡献给了社会，让更多人过上了温饱的生活，这样的专业奉献是无私的，对人类贡献是巨大的。大局观，放到任何时候，都是我们的精神方向标。今天，我们做人做事，开公司办企业，都要讲大局。

13 但是这其间还有一个主要的成分，这就是“努力苦干”了。办工业的困难，不独资本，还有其他，例如人才、组织，以及外来的压迫和国内的阻障，处处都可以遇到难关，处处都可以讨着苦吃；假如没有苦斗的精神与毅力，失败准在目前，这是经验告诉我们，不是危言耸听。（1935年1月10日《发展工业之最低限度的努力》）

“努力苦干”是很平实的语言，可平实背后书写的却是不平凡的付出和努力。当时，范旭东所身处的中国，是一个急切需要发展工业，但没有基础、没有目标方向的中国。如他在《发展工业之最低限度的努力》所说，“中国工业幼稚得可怜”“然而所谓发展，又不知应从何处下手，才可逐步走上近代工业化的途径”。身处一个不能再甘落后的国家，他认为“只能就我们的财力人力及环境之许可，定一最低限度之目标，以最低限度的努力，务必求其达到”。

要实现目标必须做出努力，“只能就最基本最重要的着手，以苦作苦干的方式，慢慢地一步一步把洋货请走，而做到自给自足的地步”。苦干，才能将理想变成现实。范旭东及其团队成员经过艰苦的斗争，克服了无数技术、设备、经营、金融上的困难，干成了前无古人的伟大事业。如人饮水，冷暖自知。永久黄团体吃的苦是无法用言语诠释的。在永利的庆功会上，范旭东风趣地说："我的衣服都见宽大了。"

鲁迅说过，我们从古以来，就有埋头苦干的人，有拼命硬干的人，有为民请命的人，有舍身求法的人，他们是中国的脊梁。不论我们国家发展到什么水平，不论人民生活改善到什么地步，艰苦奋斗、勤俭节约的思想永远不能丢。

说一千，道一万，不如甩开膀子、撸起袖子加油干。这是一个伟大的时代，也是一个需要继续苦干的时代。开启全面建设社会主义现代化国家新征程，越要坚持和弘扬苦干精神，用我们今天奋力前行的脚步，开辟中华民族伟大复兴的坦途。

14 外国专家表示，在美国有五成人工可以做到的工作，中国有七成人工也能做到。我国工业落后，百不如人，如其工作能与美国纯熟工人比较相差不多，已算难得。可见事在人为，我们还应加紧工作，务求上进，事事才有进步。（1936年4月22日《在侯德榜由美回国见面会上的讲话》）

在1945年抗战胜利之后的重庆，一方面在庆祝胜利，另一方面在进行国共谈判。有一个人的去世引起了社会广泛关注。毛泽东为他送的挽联是“工业先导　功在中华”。蒋介石为他送了挽联：“力行致用”，这个去世的人就是范旭东，他把一生留给了“加紧工作”。

1936年4月，范旭东召集大家见面欢迎侯德榜回国。侯德榜出国这段时间，主要是两项重要任务，一件是为铵厂的设计，主要是学习经验、设计图样；另一件是采购机器，挑选世界上最好的机器设备。这期间，侯德榜只带领几个助手，拼命苦干，以极廉的代价办成了所想之事。范旭东也知道，侯德榜每天都工作十一二个小时。对此，他感触很深，发表了这段简短的讲话。

范旭东时常勉励团队成员要“加紧工作”，这是范先生的心里话，也是他的一贯表现。为中国化学工业奋斗的30年，他始终保持着时不我待的精神状态，一刻也没有停歇。32岁，他创办久大精盐公司；36岁，他创立永利制碱公司；40

岁，他创办黄海化学工业研究社；46岁，他发行《海王》旬刊；52岁，他创办永利硫酸铵厂；54岁，他成立中国工业服务社；62岁，他成立海洋研究室。63岁，他在重庆沙坪坝逝世。30年，一分一秒，加紧工作，成绩斐然，为中国民族工业打下坚实的基础。

工作时的范旭东（左一）

时光到了1978年，时任国务院副总理的邓小平访问日本，乘坐新干线从东京到京都。在列车上，工作人员问他乘坐新干线有什么想法。小平同志回答说：“就感觉到快，有催人跑的意思。我们现在正合适坐这样的车。”[1]在与时间赛跑中，我们坚持看准的事抓紧干、确定的事坚决干，跑出了加速度，干出了新精彩，创造出了极

[1] 1978年10月26日，邓小平同志访问日本时讲话，见《邓小平年谱（一九七五——一九九七）上卷》。

不平凡的成就。

时间不等人，形势不等人，新时代是紧锣密鼓干出来的，不是慢慢悠悠等出来的。2018年，习近平总书记在学习贯彻党的十九大精神研讨班开班式上发表重要讲话，强调以时不我待、只争朝夕的精神投入工作，推动全党全国各族人民把思想统一到党的十九大精神上来，把力量凝聚到实现党的十九大确定的目标任务上来，不断开创新时代中国特色社会主义事业新局面。

我们要把党的十九大提出的奋斗目标从蓝图变为现实，需要时不我待的行动者，需要只争朝夕的实干家，需要一代又一代人接力奋斗、加紧工作。

15 鉴往知来，相信今日久大成立的海洋化工研究室，必然于我民族有莫大的贡献。学术是一切福利的泉源，久大本底子是书生事业，我们惟（唯）有亲近学术，开拓我们事业的前程，才是正轨。（1944年9月30日—1944年10月10日《久大第一个三十年》）

30岁，于一个人来说，是健全人生观、价值观的重要节点；于一个企业来说，也是沉淀底蕴、成就品质的关键阶段。1914年，范旭东创建久大精盐厂。1944年，久大到了而立之年。久大30年的发展历程充分验证了“技术就是企业发展的命脉”。其实早在久大建设之初，范旭东就在北平从事食盐精制研究。成立不久，就建起自己的化学实验室，还任命孙学悟为久大化学室主任，在此基础上成立的“黄海化学工业研究社”还是永久黄团体的神经中枢，一直为久大提供技术支持。

“学术是一切福利的泉源”，学术给了久大风雨无阻、勇往直前的不竭动力。所以，范旭东一直保留着书生本色，始终把学术放在首位，把研究作为团体事业发展的根基，把科研团队作为团体事业壮大的支撑。“久大事业，志在海洋。煮海为盐，倚为生命。”制盐是范旭东化工实业的第一步。这第一步走得很稳，范旭东开始谋划第二个30年，那就是开发海矿。于是，又成立了新的科研团队——海洋化工研究室，延续科研传统，开创美好未来。

纵观世界一流企业的发展，虽然有着各自不同的特点，但都呈现一个共同的特征，那就是重视科研内容、重视科研团队。强企如此，强国亦然。近代以来世界发展历程清楚地表明，一个国家和民族的科技创新能力，从根本上影响甚至决定着国家和民族的前途命运。正是深刻感悟到这点，范旭东知道个人命运与国家休戚相关，自己从日本留学归国，是能够做一点儿事的。他这样想，很多有志之士也这么想。就这样，永久黄团体成员走到了一起，做了自己想做之事、能做之事，这一做就是30余年。

当今我国发展面临的国内外环境正发生深刻复杂变化，“十四五”时期以及更长时期的发展对加快科技创新提出了更为迫切的要求。这个时期，需要更多的做事之人去从事科研工作，去尽自己的一份力量。

16 战事推移，不可究极，现在姑以三年为期，完成此番新负之任务，不论战事或进或停，其间必有无限辛酸逼人忍受，绝无疑义。吾辈所能贡献于抗战建国者，只各人一点薄技，切望莫为物胜，群策群力发挥出来，人人以效死疆场之心为心，天下绝无失败之理，吾人必当坚决自信。（1940年1月1日《敬告公司同人》）

1940年前后，在抗日战争的最艰苦阶段，也是中国需要工业支撑，到了得之则存、不得则亡的时候。永久黄团体在努力建设川厂、建设华西化工基地。面对资金短缺、日本交通封锁等各式各样的困难，范旭东在多个场合讲“群策群力”，这既是为团体事业发展而呼吁、也是为民族工业发展而呼吁，更是为国家生死存亡而呼吁。在永久黄团体，“群策群力”是一种团结奋进的素质，一种追求共同目标的凝聚力，并且早已超出了企业发展准则的涵义。范旭东及其团队成员上下一条心、铆足一股劲、拧成一根绳，为实现中国工业之崛起的远大理想，自始至终都将企业理想融入国家美好愿景，让个人奋斗、企业发展与国家建设同频共振。

新时代也是一个“群策群力”奋力建功的时代。当前正值“十四五”规划实施的关键时期，我们正在迎来数字经济产业升级新机遇，而“新基建”是加速数字经济、抢抓新机遇的基础性保障。正如华为公司高级副总裁、中国区总裁鲁勇说："任何一个政府、城市、行业、企业的数字化转型不可能由一家企业包打天下，我们认为未来的新基建和数字城市，都要靠大家群策群力去完成。华为的定位是做好联接+云与计算，做好基础类的平台，以华为30多年来在ICT上的优势助力新基建的'基'建设得更牢靠。"群策群力是一种通力协作的精神，是新时代实现共赢的方式方法。

17 近代工商业所以能够发达得这样快，我们不能否认这是工商业技术和管理突飞猛进的结果，同时我们也不要忽略了股份有限公司这个组织法绝大的贡献。近代工商业需要巨大资金，这集资的使命，除开少数例外，全仗利用股份有限公司的组织来担负。（1938年7月7日—1939年11月20日《闲穷究》）

范旭东很“时髦”，他办的企业名为“股份有限公司”，目标就是办成扬弃官办民企基因的现代企业。为什么要赶时髦，其实也是无奈，那个时代集资不易，募股和借债差不多，股款要计官息。我们知道，不管办什么厂，都需要时间才能出产品，而且新产品初上市，未必有利。如果收股之日起付息，光是这一笔债，就让人喘不过气。范旭东不是办股份有限公司的第一人，但是他敢于打破这些旧习办成新式企业。他采取股份制的方式，并且不发官息，有纯利的年度按章分红利，分多少也要看纯利多少，而不是把利润全分掉。正是这种组织形式和内容的革新，让他们赢得了先机。

范旭东的企业股东都不是一般人，而是梁启超、杨度、冯玉祥、黎元洪、曹锟等这些当时有影响力的人物。随着久大的生意做大，股东们的回报也是很丰厚的。股东们除了拿红利，也在积极为企业发展献计出力。当时北洋政府参政院参政杨度也是他企业的股东，据说为了解决精盐

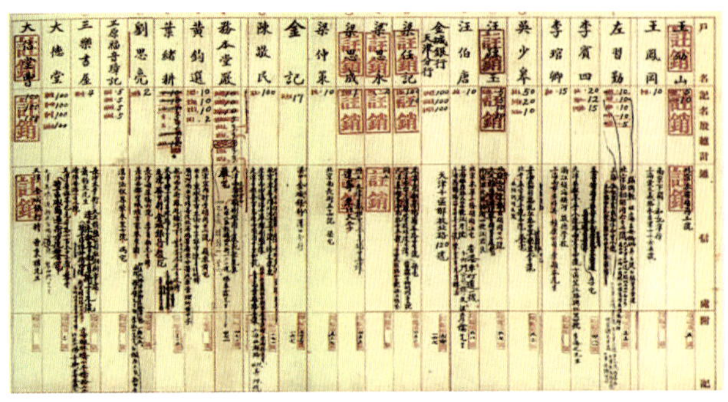

《久大记名股股册》部分股东情况

的销路问题，他亲自出马，趁着袁世凯吃饭的时候，送去了两瓶精盐，袁世凯吃开心了，一高兴便把长江流域的湘、赣、皖、鄂的盐业销售权给了范旭东。

办企业的道路不是一帆风顺的，何况是办化工企业，这是最为艰难、最具开创性的事业，范旭东就是在大胆尝试中前进。他尝试选择了股份有限公司这种现代企业的组织形式，并在选择中进行了“不发官息”的创新。我们常常习惯用一种怀疑的眼光去审视刚刚出现的新生事物。这个时候，最需要的是冷静思考，好好去甄别。说到股份有限公司、股东，改革开放的总设计师邓小平同志也有过一段经典的论述，他说，“证券、股市，这些东西究竟好不好，有没有危险，是不是资本主义的东西，社会主义能不能用？允许看，但要坚决地试。看对了，搞一两年对了，放开；错了，纠正，关了就是了。关，也可以快关，也可以慢关，也可以留一点尾巴。怕什么，坚持这种态度就不要紧，就不会犯大错误。”[1]“坚决地试”这几个字掷地有声，那种

[1] 1992年邓小平同志视察南方时发表讲话《邓小平文选》第三卷。

“不争论，大胆试”的务实态度让处于争议旋涡中心的中国新生证券市场起死回生。很多时候，我们也是在“摸着石头过河”，这时候就是要有试试看的态度，也要发扬创新精神，赶赶“时髦”。

18 工厂规则是我们大家行走的轨道，全厂的人个个顺着这轨道走，规则的效用才能显现出来，路才走得通，才能有进步可言。希望大家对于规则，万不可存一玩视或忽略的心。譬如工厂规则不许在工作地吸烟，因为预防危险的关系，无论何人都应该服从，都应该留意的，余事也就可类推了。（1929年8月20日范旭东致久大工厂职员工友公开信）

随着久大事业的发展，一些人开始飘飘然，工作中出现懒惰、浪费、争名夺利和拉帮结派的不良状况，不仅影响团队内部团结，更是影响正常的生产生活秩序。面对这些问题，范旭东及其团队成员本着抓早抓小的原则，多次商讨解决办法。范旭东还给全体员工写了一封公开信，指出职员工友都是为公司事业奋斗的战士，希望大家互敬互爱，对工友和工会组织多一些理解，要求大家守规矩，合作共事。

针对中高级职员之间请客送礼、集份、摊费等现象，严令禁止，并指出此举为“吾国官场恶习，尤不宜再有此举”。礼尚往来，是中华民族的传统习俗，本无可厚非。但如果异化变质，“人情风”就会变成“人情负担”。礼尚往来的礼，绝对不能包含腐败，不能包含浪费，不能潜藏违法和犯罪。

带团队、管企业，关键是明确规章制度，用制度管人管事。有位企业家就曾说：“‘靠制度管人，不靠人管人’，这就是我们的制度文化。”企业文化很重要的组成部分就是规范的管理制度。这种规范的管理制度能保证企业按照预期目标，健康正确地发展。治理一个国家、一个社会也是如此，关键是要立规矩、讲规矩、守规矩。国家治理讲“规矩”，社会生活有“标尺”。这是中国人从古至今治国理政的重要理念，也是宝贵经验。只有遵守规则，个人才能成长，企业才能壮大，社会才能安稳，守规则才能有作为。

19 我个人的意见，最好还是从青年方面拔选人才出来，加以培植，比较稳当。我们把过去的做法，耳提面命的传授给他，只要他能消化，新生命一定可以造得出来的。久永如此，黄海亦如此。（范旭东致孙学悟信）

在当代，一名保安考上北大，很快便可以上热搜；在过去，一个服务员成为工程师，那简直不可思议。可这种事情就发生在“永久黄”团体。据说一个服务员，一点文化也没有，但勤奋好学，侯德榜经常抽空帮他学文化，后又送他到化验室学习……这个服务员一步一步就晋升到了工程师。侯德榜在培养青年上，可谓是呕心沥血。“永久黄”积累了一套培养青年的方法，总结起来就是“严帮结合”。这种方法很奏效，代代相传，有的从描图员成为了工程师，有的从艺徒班的技工成了总工程师。

在“永久黄”稍有起色之时，范旭东开始思考起团队的青年人才问题，他深知“青年如利刃之新发于硎”，只有一代代青年人奋发起来，一代代青年人传承下去，团队事业才能后继有人，化工实业才能持续发展。

为了培养出更多青年化工人才，范旭东创办了“永利碱厂特种艺徒班”，面向全国各地招收学员。范旭东深知培训的目的不是为了造就流水线工人，而是在为祖国的未来培育高端技术人才。在培训期，范旭东不计时间，不计成本，注重理论联系实践，安排高端技术人员与经验丰富的老工人带领实习，三年左右的时间就培养出了许多优秀的年轻工程师。

青年就是团队的新鲜细胞。为了使年轻科研人员能够保持学无止境的状态，紧跟国际化产业的发展步伐，范旭东拟定了《选派人员出国学习办法》。当时正值日寇侵华，举国涂炭，尽管企业断了收入来源，全靠举债度日苦苦支撑，但在这么艰苦的情况下，范旭东仍咬紧牙关缩衣节食，从各处筹措资金坚持选派青年出国，1931年至1948年期间，永利派出留学、进修、参加国外技术服务工作的人员就达近50人。这些出国深造的青年们也没有辜负范旭东的期望，在学成之后全部回国，成为了团队骨干。

在范旭东几十年的努力下，“永久黄”这个技术班子为中国的化工事业培养出了大批高端技术人才，这些青年人继承了范旭东“以为社会服务为最大光荣”的团队精神，在新中国成立之后积极投身社会主义建设。侯德榜于1958年任化学工业部副部长，并当选为中国科学技术协会副主席；李烛尘曾任全国政协副主席（1964—1968年）、第一轻工业部部长（1965年）；孙学悟于1952年任中国科学院工业化学研究所所长……

20

我们是幸运地回来了……走在我们前面或走在我们后面的同胞，有不少已无辜地牺牲了……我现在马上开始工作，希望同仁各守各的岗位，少谈方法，多做实事，向前努力，把我们的事业做（成）一颗民族复兴的种子！（贾湘《范先生回到重庆》）

1942年3月2日，被困香港近3个月的范旭东几番死里逃生，终于平安回到了重庆。当飞机平稳地降落在重庆珊瑚坝机场时，范旭东收拾好困苦的心情，打起精神第一时间投入了重建工作，号召团队成员们少谈方法，多做实事，向前努力。

范旭东希望能“把我们的事业做（成）一颗民族复兴的种子”，在兵荒马乱的年代，要想实现实业救国的理想，没有高新科技可利用，没有雄厚资本能兜底，他只能带领团队成员一起节食缩衣、埋头苦干，用自己的双手去拼一个未来。

二十年的筚路蓝缕，久大实现了精盐自产自销，改变了中国两千多年的盐制；十年的苦心钻研，永利成为了远东第一个苏尔维制碱厂，中国纯碱远销国外；三年的艰苦奋斗，建成了中国第一座化工联合工厂。

正是这种“少谈方法，多做实事”的工作作风，让永久黄团体成为了中国化工界的一支标杆，也让永久黄团队成员在工厂沦陷后仍有从头再来的信心。

迁川办厂，在如今看起来简单的事情，在当

时的背景下却“难于上青天”。交通中断、入不敷出、盐商抵制，在设备不全的情况下还要解决因原料不同而导致的技术障碍，谈何容易。面对种种困境，范旭东唯有带领团队成员“万众一心加油干，越是艰险越向前”。

交通中断，范旭东就自建运输队，组织永利人员开辟运输路线，在沿途设立接待站，翻山越岭去争取“生命线”。经济困窘，范旭东带领永利川厂开煤矿、做玻璃和耐火砖、开动电厂售电、制蚊香等维持生活。为了化解川地盐商的排斥情绪，久大积极与盐商、军阀、政府沟通，承诺技术共享，共探和平发展道路。为了节约成本，改进因原料不同导致的技术障碍，黄海社长期研究盐卤，改进了井盐的制造技术；侯德榜前往德国学习新的制碱技术，最终研制出震惊中外的“侯氏制碱法”。

范旭东说成功的唯一秘诀就是忍耐和含默，认定目标，拼命前进。永久黄团体事业的辉煌成就就是在忍耐中一步一个脚印走出来的，在含默中苦干实干，接力奋斗出来的。正如习近平总书记所说：“幸福都是奋斗出来的。”

我们站在两个一百年奋斗目标的历史交汇点，离中华民族伟大复兴的目标越来越近，更要少说多做、埋头苦干，将千百年来的憧憬变为现实。

21 为了事业的发展，首先我要做个样子。（范旭东与孙学悟语）

喊破嗓子不如做出样子。为了永久黄团体事业的发展，范旭东要做个团队负责人样子……永久黄团体是一个有机整体，员工都在看“老大”怎么做，继而就会跟着效仿。范旭东是集团的灵魂人物，是全体下属员工学习和效法的榜样，所以他要时刻注意自己的一言一行，避免造成负面影响。

只有为员工做出好的榜样，才能起到带头表率作用，才能有效地激励员工。1940年赴美前夕，他整理行装，到洋服店去改旧衣服，店主看了发愣：“这个样子，我从来没有见过，莫改罢，改了也穿不出去。”原来他的宝贝衣服还是民国元年在巴黎做的。他问了店主的年龄，不过三十多岁，说，“这难怪，我做这衣服时，你还在妈妈怀窝吃奶。”范旭东勤俭节约，下面的人以此为榜样。进入四创后，对于黄海社的选址，孙学悟表示，化学研究不要在大城市凑热闹，要和生产相结合，他主张把黄海社迁到久大、永利所在的山间，并带领昔日里一尘不染的研究人员头顶瓦片、脚踏泥土，用自制的恒温箱、瓦罐容器、木炭燃料、木板实验台等极简易的设施埋头工作。

团队负责人就是要像范旭东一样，既说到又做到，用自己的行动做给下属看，这样才能更有

永利碱厂土建施工现场

说服力。把“照我说的做”改为“照我做的做”才会真正起到一个示范的表率作用。

企业家是集团的标杆、员工的榜样，也是这个时代最好的标杆和最伟大的榜样。我国改革开放以来，一大批具有核心竞争力的企业不断涌现，一大批优秀企业家在市场竞争中迅速成长，他们为积累社会财富、创造就业岗位、促进经济社会发展、增强综合国力作出了重要贡献。我们要更好发挥企业家作用，树立优秀企业家典型，让优秀典型影响企业、带动员工，让优秀企业家精神激励人、感染人。

三、范旭东说办企业

（胡振强）

1 我们常说创办制碱工业，将近非有“超人的精神”是不能成功的。（1928年12月7日《在永利制碱公司第五届股东常会上的报告》）

做企业要有“超人的精神”。这句话早已被今天的企业家奉为圭臬，但是，1928年的范旭东说出这句话确实是“石破天惊”的！

1928年的中国是个什么样子？4月7日，蒋介石发出第二次北伐的总攻令。6月4日，“皇姑屯事件”爆发，奉系军阀张作霖被炸身亡。10月8日、10日，蒋介石在南京先后宣布就任中华民国国民政府主席、国民政府委员会主席。12月29日，东北易帜。怎一个“乱”字了得！在这种环境下办实业，尤其是办具有开创性的化学工业何其艰难！

但就是在这样恶劣的环境下，范旭东还是把事情给办成了。他是怎么做到的？一开始确实很难，他面临着三个方面的困难：第一，它的技术艰深，全世界不过42个厂，其中4/5是属于一个系统的，它们严守秘密，办事人都是终身服务，后起的工厂想要延聘真正有经验的人帮忙，是很不容易的；第二，它的利虽是靠得住，但是不厚；第三，世界旧有的碱厂垄断早已成了习惯，对于新厂的竞争，毫不客气。面对技术、资金和市场的困难，范旭东采取“各个击破”的策略，结硬寨、打呆仗，硬生生地把三个硬骨头一个一个地啃了下来。第一步是开展技术攻关。他本身是学技术出身，创业之初，就把技术视为首先要解决的问题。他发现了在美国留学的侯德榜，并把他劝回国加盟永利碱厂。这一步非常关键，正是侯德榜一举打破了英国卜内门公司的技术封锁，独立自主地研制出能与西方“洋碱”相媲美的中国“纯碱”，并在1926年美国费城举办的万国博览会（世博会的前身）上夺得金质奖章！第二步是带头艰苦创业。在当时的中国办企业，资金的来源是个大问题，十分缺钱。范旭东为降低企业成本，他坚持每月只拿50元生活费维持家用，直到去世前不久才开始拿公司每月400元的薪金。这种精神感动了身边的每个人，死心塌地地跟着他吃苦，一步步把企业做大。第三步是努力捍卫市场。当时永利碱厂的竞争对手英国卜内门公司异常强大，占据着绝大部分的中国市场，它企图用价格战把成长初期的永利打垮。在生死关头，范旭东寸土不让，背水一战，一方面咬紧牙关跟随降价，另一方面开辟日本市场，把价格战的战火烧到了海外，打乱了卜内门的战略部署，慌乱之下向永利投降，达成和解协议。从此范旭东一战成名！

范旭东的这套打法，放在百年后的今天，似乎仍然不过时。看看华为公司的成长历史，不也是跟当年的永利一样吗？坚持独立自主搞技术研发，创始人带头吃苦，面对美国的打压，正面迎战、毫不退缩。华为公司的这些做法，原来并不新鲜，历史上早就发生过，“超人的精神”一直在延续。

1926年“红三角”牌纯碱在美国费城万国博览会荣获金奖证书

2 本公司事业之重心，全在工厂，而工厂之能否改进，又视致力科学之深浅为转移，故欲稳固公司基础，则科学之研究，实为刻不容缓。（1924年6月22日《在永利制碱公司第四届股东会议上的报告》）

20世纪初，中国人办实业的实属凤毛麟角，办实业的人中肯同时办科研机构的，更是少之又少。范旭东就属于这“少之又少”的人。

那个时候，因为起步晚、底子薄、环境差，中国的技术类企业一般都缺乏独立自主的科研力量，往往需要向国外购买技术专利，甚至只能购买国外淘汰的技术。中国企业没有科研投入的传统，科技人才往往会选择进入国家创办的研究机构（当时国家创办的科研机构也严重不足），如此一来就造成了科研和企业生产的分离。哪怕像张之洞、卢作孚、张謇这样响当当的大实业家，在生产经营上风生水起，但在核心技术的问题上依然是“望洋兴叹”，只有生产，没有科研。这基本上就是当时中国实业界的普遍现象。

范旭东的高明之处就在于：科研成果必须要转化为生产力，科研和生产要结合，不能搞成“两张皮”。于是他决定创办中国第一个企业科研机构——黄海化学工业研究社。那是1922年，尽管久大精盐公司投产已经近10年，其精盐销售早已进入获利阶段，但永利碱厂还在建设阶段，正是用钱的时候，办科研机构不仅是个资金的

“无底洞”，而且一时难以见效，所以许多人嘲笑范旭东有点“傻里傻气”。但范旭东坚持“傻到底”，他斩钉截铁地说：当了裤子也要办黄海！

黄海化学工业研究社外景

事实证明，范旭东的这个决定是极具远见卓识的。黄海社成立之后，帮助久大、永利两家工厂掌握了一大批核心技术，打破西方公司的技术垄断，为侯德榜发明闻名世界的“侯氏制碱法”奠定了坚实基础。同时，它还为国家的科研发展作出了重要贡献，新中国成立后，黄海社一分为二，一半参与组建中国科学院，在其基础上建立了中科院化学工业研究所；另一半则参与组建并成立重工业部综合工业研究所。可以说，黄海社在某种程度上就是在“为国养士”。

当年在中国做这样的事业是很难的，因为这不仅需要资金和技术，更需要战略眼光。而好的战略眼光是超越时空的。

3 主持任何部分的人，必得理解科学价值的所在，抱必死决心，必须向科学方面进行，绝不疑惑。（1934年8月30日《我的国防设计观》）

一个办企业的人，为何对科学如此痴迷？在范旭东的成长轨迹中，我们能找到一丝线索。

1900年，范旭东跟随哥哥范源濂到日本留学，旅日12载，他通过近距离观察日本，发现日本的崛起，绝不仅体现在可见的物质层面，更体现在不可见的观念层面。日本社会那种崇尚科学的氛围，让范旭东惊讶不已，也羡慕万分。1908年范旭东在冈山高等学校毕业，本来想去大学里学军工专业，以坚舰利炮来拯救中国，但校长知道后，轻蔑地说：俟君学成，中国早亡矣！虽然范旭东义愤填膺，但也无力反驳。从此他暗下决心，要学习科学，并把科学带回中国。随后他便考入京都帝国大学，专攻应用化学。1912年，得知辛亥革命成功的范旭东认为科学报国的机会来了，他不顾老师的挽留，毅然携妻归国。

然而，现实是冰冷的，虽然清朝皇帝没有了，民国成立了，但新时代并没有立即到来，旧中国仍然在泥潭里挣扎，中国人还未完全振作。同时，日本对中国的侵略野心在快速膨胀，1931年发动“九一八”事变，武力侵占东北。1934年范旭东痛心疾首地说：现在外来势力，已经升堂入室侵略进来，成了防不胜防之势。而这个“外来势力”恰恰就是他曾求学过的日本！这时候，范旭东清醒地认识到：中国人最缺的，不仅是武器，更缺少科学精神。只有解决这个根本性的问题，中国才能得救。因此他在文章里写道：想要打破国人的旧习，也唯有改变他的旧人生观，不然，就会成为国防建设的腹心之患，为害更大！现在我唯一的愿望，就是在位的先生们能够认清民族弱点，痛加洗刷，做一般民众的矜式，这或者是中国复兴的起点，也是中国国防设计成败的关键。

确实如此。试想一下：活字印刷术是中国人毕昇发明的，但为什么直到近500年后，才由德国人古登堡发扬光大呢？因为德国人有科学理论作基础，技术才能发展。可见国民的科学素养有多重要，今天的我们，更要把科学这个事业真正搞上去，只有提升科学水平才能催生出第一流的企业。

4 科学立于实验之上，一个人不动手，不爱利用机械的人，叫他从哪里去实验，离开实验，还有什么法子和科学结缘，这不是很显然的事实吗？……今日中国人的不肯用手，却是习惯成了自然，实应该改变改变。

（1938年7月7日—1939年11月20日《闲穷究》）

这是范旭东一段对国人苦口婆心的劝告。他还有一段更生动的描述：“工程师的上衣口袋，总插一管计算尺，随身带着，这是他们的习惯。设若有人问，九个钟头和十八分，合算起来有多少分钟？他决不像平常人一样，口里念着六九五百四十，加上一十八，眼睛几翻，五百五十八叫了出来，显得多么聪明。工程师撞了这种事情，立刻把法宝从口袋抽将出来，上下一推，千真万确的，把五百五十八的数字摆在尺上，一声也不响完事。没有看惯的人，觉得这样做法太拘板，心窃非之。”这其实就是范旭东的“夫子自道”，他就是这样的“工程师”，遇事先动手。

这实在是一种在当时中国人中十分稀缺的习惯和品质。中国人绝对是一个优秀的民族，总是显得很机灵，但是也有普遍性的毛病，那就是动手能力不足。千百年来，劳心者在上，劳力者在下，科举当道，士子们喜欢“坐而论道”，不屑于去动手解决实际问题。所以，古代中国社会的阶层划分是这样的：士、农、工、商。工匠和商人排在最后面，也就难怪在当时的中国办企业这么艰难了。但范旭东这个倔强的湖南人，虽然一辈子自称文人，但骨子里有湖湘文化中的“实干”基因，所以，他不顾别人的看法，撸起袖子就干上了。著名学者傅斯年有一句名言：上穷碧落下黄泉，动手动脚找东西。哪怕是搞学术，他也强调动手能力的重要性。这真是戳到了中国人的软肋！中国太缺那种随时在口袋里放一把尺子的工程师了。

幸好，现在的中国人大不一样。邓小平同志曾经说：“世界上的事情都是干出来的，不干，半点马克思主义都没有。”[1]习近平总书记也强调：社会主义是干出来的，新时代是奋斗出来的[2]。

我们从来没有像现在这样如此重视实干精神和动手能力，当年范旭东所推崇的“工程师”，在今天的中国越来越多。工匠不再是社会的底层，而是人民的“宠儿”，有了这种“工匠精神”，还怕办不好企业吗?

---

[1]《改革开放三十年重要文献选编》（下），北京：人民出版社，2008 年版，第 1688 页。

[2] 2020 年 11 月 24 日，习近平总书记《在全国劳动模范和先进工作者表彰大会上的讲话》。

5 我时常痴想，设若有一天我上讲堂教学生的分析化学，我一定要添一门“行为分析术”。这个，非考得八十分，不许他及格。这样教出来的学生或者有用，至少应该不至损人不利己。（1938年7月7日—1939年11月20日《闲穷究》）

这句话初一看，似乎有点“云山雾罩”。但如果了解范旭东的专业背景，再结合上下文，就不难理解了，他说的其实是“大实话”。

范旭东在大学修的是应用化学，喜欢从科学的角度观察世界。这里需要先交代一点时代背景，20世纪三四十年代，实证主义思潮在法国、英国兴起，后逐渐传播到美国，也影响了中国。作为一个留日多年且多次赴欧洲、美国考察的新派知识分子，范旭东自然也接触并接受了这种新思想。所谓实证主义，简单讲，就是注重经验当中的可以观测的素材和现象，研究那些看得见、摸得着，经得起检验的东西，不搞云山雾罩的玄学思辨。实证主义哲学兴起后，拒斥形而上学、有一份证据说一份话的风气非常流行。在国内，美国学者杜威的学生胡适就是代表人物。所以，学化学的范旭东特别容易对此产生共鸣，他强调，他只是忠实纪录，“化学分析，并没有把天体和微菌的大小、外表搁在眼里。藏在海水里面的盐和含在眼泪里面的盐，同样受分析，并同证明这盐是一种，并没有咸淡实质的不同，真叫澈底啊”。当时大多数人都喜欢带着自己的主观偏见去理解世界，而不肯老老实实地作科学分析，范先生说：“人世事，只为人类有‘主观’这个东西，各人天禀的分析头脑，从此受了蒙蔽，有时真叫人发愁。茫茫众生，逞着各人的主观，有人横冲直撞，一生尽做些损人不利己的勾当。也有一班做了主观的忠实同志，萎靡不振，今朝有酒今朝醉，明日愁来明日忧；一点不损人，但是自己将来究竟打算怎么样？徒然做蛀食虫，国家社会将来又怎么样？从来不加分析。”真是一针见血！

1930年永利碱厂生产的“红三角”牌纯碱、烧碱与洁碱

那这个“化学分析”的方法，对范旭东办企业有影响吗？有。此前，中国人长期食用品质低劣的粗盐，有的西方人嘲笑中国人是“食土民族”，当时社会上大多数人都接受了这个现实，认为中国人是生产不出高品质的精盐的，但范旭东通过科学分析，认为凭中国的资源储备、现有的技术水平，完全可以改变现状，于是义无反顾

地踏上创业之路，才有了后面的久大精盐公司。创办永利碱厂也是一样，英国人说：永利想出纯碱，除非日头从西方出。而这个叫“旭东”的中国人，真是实现了这个不可能的“奇迹”。经过分析认为，制碱的化学原料就是盐，既然他已经能造出高品质的精盐，为何不能制出纯碱？事实证明他是对的，这像极了一个当下管理学界流行的概念：第一性原理。意思就是：将事情缩减至其根本实质。只要能分析出事物的实质，然后按照客观规律去做就行了！

这真是今天的企业家要认真向范旭东学习的地方：少一点主观臆想，多一点分析本领。

6 回想近百年来，西方学术技艺传到中国的状态，简直是糊糊涂涂和旧社会搅和着，谁也不从根本下功夫。（1936年8月《祝中国科学社等七科学团体联合年会》）

这是范旭东受邀在中国科学社等七科学团体联合年会上的发言内容，可以用鲁迅先生的一句话来形容：哀其不幸，怒其不争。这也是当时中国社会的真实写照。

一家企业的成功是建立在什么基础之上的？资金、技术、管理、人才、制度……这些都对，但如果一定要找到那个最根本的东西，那就是一个国家的基础研究水平。范旭东的担心是有道理的。1936年，西方学术技艺传到中国也近百年了，但情况怎么样呢？“起初，天文、历数、造船、制炮以至清末张南皮（张之洞）在湖北的各种工业设施，未尝不盛极一时，转眼即归岑寂。”洋务派主将张之洞在湖北搞重工业，成果不可谓不丰硕：汉阳铁厂、大冶铁矿、湖北枪炮厂，个个响当当，可谓“盛极一时”，但结局仍是“转眼即归岑寂”。哪怕是张謇、周缉之这样的人物，也“羡慕近代工业繁荣的情绪有余，这繁荣究竟是建造在什么基础之上，却无暇计及，毕生事功，无异浮萍，不待人亡，政已垂息，百年往迹，大抵如此”。范旭东大为叹息，并犀利地点出病根：没有研究学理。学理属于基础研究的范围，是工业繁荣、企业兴旺的根基，但当时的中国人偏偏不肯在这方面下功夫。

范旭东有扎实的学术根底，见识又广，他很敏锐地意识到了这点。他在多国求学、游历，发现工业之强盛只是富足社会的表象，而支撑这层表象的，是极其强大的基础研究能力。生物、化学、物理、数学……这些在中国人看来“无用”“无聊”之事，西方人孜孜不倦地追逐了几百年，欧几里德、伽利略、笛卡尔、牛顿、达尔文、爱因斯坦……这些在中国人看来“不务正业”之人，却是近代西方人眼里的大明星。正是这些“无用之人”“无用之学”，奠定了近代西方工业崛起的基础，在这样的环境下办企业，是范旭东最为艳羡之事！

当然，现在的中国不一样了。虽然在一些领域仍然会被西方技术“卡脖子”，但我们看到了赶上来的希望，国家对基础研究的重视程度是前所未有的。习近平总书记在科学家座谈会上强调：持之以恒加强基础研究。[1]近年来，我国基础研究取得显著进步：经费和人员投入快速增长，国家科技创新基地形成系统布局，重大创新成果加速产出。企业纷纷投入重金支持基础研究，华为公司甚至在法国、俄罗斯等西方国家建立了自己的数学研究所。这就是范旭东所说的“从根本下功夫”，今天中国的企业家，真是赶上了一个好时代！

[1] 2020 年 9 月 12 日，习近平总书记《在科学家座谈会上的讲话》。

7 中国是世界古国之一，文物灿然，绵延到几千年，谁也不相信中国自古以来，没有一本技艺家自述的著作，这个不仅古代没有，现代也还是一样。（1938年8月7日《为今后中国工业建设进一言》）

今天的读者可能无法理解，出一本技艺家自述的著作有这么难吗？这在今天不难，但在20世纪30年代的中国很难，而且自古以来就是个天大的难题。

当然，范旭东的话说得太绝对，在中国古代，也不是完全没有技艺家自述的著作，比如东汉张仲景的《伤寒杂病论》、北宋沈括的《梦溪笔谈》、明朝李时珍的《本草纲目》等，都是杰出的科学著作。但是如果按照范旭东的现代科学标准，那些专著确实又存在着缺憾，要么只是对日常经验的观察和总结，没有提炼出抽象的、普遍适用的理论；要么就是内容过于庞杂，没能走上专业化和精细化的道路。而且这些为数不多的科学著作，也长期被边缘化，没能成为中国文化的主流。按范旭东的说法就是，“我们可以得到一个结论，就是在中国要文字和技术兼长，是件难事，更可推想到，以文字为本位文化的中国，不容易识透近代科学和以科学为基础的工业。”

那怎么办呢？范旭东决定自己干。而且早在1938年他讲那番话之前就已经开始干了。1926年永利纯碱在美国费城万国博览会上一举夺得金质奖章，为中国制造赢得了国际声誉，那时候范旭东就开始想一个问题：如何把永利的经验传承好、发扬好，最终变成中国经验、世界经验，造福更多的人。于是他找到他的技术合伙人、永利制碱法的主要发明人侯德榜，两人一拍即合，决定把10年苦战所得到的制碱经验进行系统总结，形成专著。经过侯德榜的认真整理和修订，1933年《制碱》（*Manufacture of Soda*）一书以英文在纽约出版，当时在我国燕京大学任教的美国化学家威尔逊教授称：《制碱》是中国化学界对世界文明所做的重大贡献。中国工程师学会第五届年会主席在首次颁发荣誉金牌给侯德榜时，对《制碱》一书也作了高度评价：所著《制碱》一书，尤为中外学者所共仰，尤为我国工程界之光荣。

1933年侯德榜博士《纯碱制造》英文版（左）在纽约出版，后又以中文版的《制碱工业》在国内出版

可以说，《制碱》这本书开了中国人撰写现代科技专著之先河，也为中国化学工业的接续发展奠定了理论基础，尽管日本发动全面侵华战争之后，中国沿海工业遭到毁灭性打击，但是只要《制碱》这样的书还在，中国化学工业就不会亡。事实证明确实如此，中国化工产业内迁之

后，依靠之前的技术积累，迅速在大后方恢复生产，为抗战取得最后的胜利作出了重要贡献。这就提醒今天的企业家，要注重科学技术的传承，别让自己的经验“断了后”。

8 兴办近世的工业，是今日中国人惟（唯）一的活路。（1928年10月20日《自觉》）

自覺

興辦近世的工業，是今日中國人惟一的活路。儘管有一部的人們不明白世界經濟大勢，對於近世的工業懷疑，或是鄙棄牠，或是提倡玄妙的學說，想養成國人都有餐風飲露不必人間烟火過活的本領；或是開倒車，希望中國退還到蒸汽時代以前的狀態，各人紡各人穿的棉紗，各人吃各人磨的麵粉，我輩都不去管他；我輩相信我輩今日所辦的事業，確是合乎世界常軌的，是爲國人開闢生路的。

照這十多年的經過，覺得我們的內部，還有許多地方仍舊沒有脫離中國的常套習慣！所以當這個興辦近世工業的重大責任，總嫌不夠，有時實在害怕。

第一，我們內部的組織始終不精密。一部分同事的技能沒有充分的發揮出來，就是一個人沒有得一個

第二，感情的成分太濃厚，法治的成分太薄弱。

第三，和世界上的新鮮學說，和事績，太不接觸。

第四，同事尚有多數不明白公司事業之目的何在，自己對於此種事業之目的何在，因此發生不出興趣來，陷於隨隨便便的態度。

久大永利的事業，在國內都是創造的，將來的影響必很遠大。我輩想爲中國樹立近世工業的規模，最好就用牠做個苗圃。所以我輩應該時時念及我輩的強處和弱點，如上列四條關係實在是重大！這並不是公司改一個章程和開一兩回會議就可以改革好的；最要緊還是人人個個自家覺悟這類弱點，時時各人加番警惕，造成一種新習慣，才是根本要義，我輩的精神也才有貫澈的希望啊！

范旭东在1928年10月20日发表的《自觉》

这句呐喊让人看得胆战心惊！当然，这个“今日”指的是1928年。当时的中国还处于军阀混战之中，国力一蹶不振，国人情绪低迷，范旭东真实记录下了当时的情形：“有一部（分）的人们不明白世界经济大势，对于近世的工业怀疑，或是鄙弃它，或是提倡玄妙的学说，想养成国人都有餐风饮露不必人间烟火过活的本领；或是开倒车，希望中国退还到蒸汽时代以前的状态，各人纺各人穿的棉纱，各人吃各人磨的面粉。”但是历史的车轮不能倒退，只能滚滚向前，老子的“小国寡民”、庄子的“逍遥游”都是不可能实现的幻想。

范旭东认为，只有工业才能救中国。毛泽东曾经对他说：“范先生是湖南湘阴人，我是湖南

湘潭人。先生的名字旭东，而我的名字泽东。先生搞实业救国，我搞政治救国。我们都是为了拯救中华民族而走到一起来了。”[1]

实业救国，就是范旭东一生的追求，他说：“我辈相信我辈今日所办的事业，确是合乎世界常轨的，是为国人开辟生路的。”确实如此，近代中国之所以落后，最为直接的就是“技不如人”，在前信息化时代，国与国之间比拼的就是工业实力，尽管当时我们也有看上去世界一流的北洋水师，但装备都是买来的，自己不会造，一旦打光了就没有了。反观“二战”中的美国，哪怕在珍珠港袭击中吃了大亏，但只要它下定决心参战，国家机器一旦开足马力，就能源源不断地造出武器装备来，直接碾压日本，这就是工业实力的体现。

历史不会重复自己，但总是押着同样的韵脚。1872年，李鸿章在一份奏章里写道：此三千余年一大变局也。范旭东也看到了这个变局，也曾试图去改变，但事业未竟便撒手人寰。21世纪20年代的今天，习近平总书记说我们面临“百年未有之大变局”。如果说百年前我们是“实业救国”，那么今天就是“实业强国”，中国工业的发展，已经取得了令世人瞩目的成就，我们今天应对变局的方法，比范旭东不知道要强多少倍！但不管怎么样，“壮大实体经济”仍然是我们首要的选择，只有真心实意地把实体经济搞上去，数字经济才有根，中国的命运就掌握在我们自己手里。我们实在不愿意也不能再次回到范旭东呐喊的年代！

---

[1] 重庆谈判期间毛主席在张治中官邸“桂圆”接见范旭东时讲话。

9 久大当时为打破这个不良习惯，章程上规定不发官息，有纯利的年度，照章分配红利，分多分少也没有一定，要看纯利的大小。（1944年10月10日《海王》第17年第3期）

这段话来自范旭东在久大精盐公司成立30周年纪念会上的演说词。所谓的“不良习惯”，指的是由于当时社会风气闭塞，办实业极不容易集资，工业家不得已常用借贷方式集资，就是收到股款，即日起就按“官息”名义计息，这对经营商业，或能勉强办通。但对办工业就很不妥，因为无论办什么工业，会有相当时日不会出货，况且新货上市，又未必一定有利，如果认可从收股之日起计息，不管付不付现金，这笔债务累积上去，也会对公司不利。

范旭东决定要有所改变，于是他听从梁启超的建议，不分官息，只按章程分红。这在当时实在是一项了不起的制度创新！这么做意味着什么？简单来讲，是把“债权”变为“股权”。当时的中国人，大多只知道“债”和“利息”，不知道这世上还有“股”和“分红”这样的东西，但是经过解释，大家很快就反应过来：这是个好东西！它既减轻了企业融资的成本，又让股东与企业建立起长期稳定的利益关系，甚至可以参与企业经营、管理，这种从“债权人”到“所有者”心态的转变，极大地促进了企业的发展。从此，久大精盐公司就开始召开股东大会，现代企业制度萌芽。

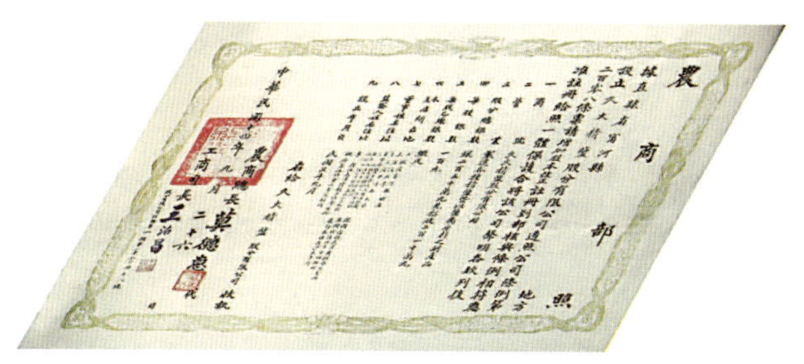

1925 年 9 月 26 日民国政府颁发给久大增发股票的注册执照原件

就像美国宇航员阿姆斯特朗登月时说的那句名言：这只是个人的一小步，但却是人类的一大步。久大开创的股份制，虽然只是久大的一小步，但却是中国企业的一大步。股份制极大地释放了生产力，让旧中国的企业开始与世界上的先进制度接轨，可以说，是久大替中国企业走出了第一步！

这给了我们一个重要的启示：创新是企业发展的命根子。我们现在讲要建立现代企业制度，但现代企业制度不是从天上掉下来的，而是一代又一代的企业家试出来的、闯出来的。试想一下：假如当年范旭东不搞股权制的尝试，久大可能在创立初期就破产了；假如小岗村的18位村民不敢在“包产到户”的契约上按下自己的手印，就不会有家庭联产承包责任制的迅速推广；假如邓小平同志没有在中国的南海边画上一个圈，就不会有今天的深圳经济特区……企业家是最富冒险精神、最富闯劲的群体，对于他们打破常规的探索，社会和公众不妨宽容一点，不急着一棍子打死，说不定能“柳暗花明又一村”呢。

10 团体中称久大做“老大哥”，我时常加上一个注脚，提醒大家，我说：“这位老大哥是真正中国式的。”（1944年10月10日《海王》第17年第3期）

前面说到范旭东创新的一面，这里要接着说一说他“保守”的一面了。

说到底，范旭东终究是一位中国式的知识分子、企业家，虽然他看上去很新潮，接受了许多西方新思想，但他毕竟是在中国文化特别是在湖湘文化的浸润中长大的。这在他办企业的过程中也有所体现。久大是范旭东创办的第一个企业，被他视若“长子”，也被他寄予厚望，用他自己的话来讲就是：“三十年间久大的成就，略如上述，其实久大在本身业务上的表现，还远不如间接的来得伟大：黄海化学工业研究社在化工学术上的贡献，永利化学工业公司在基本化工界的业绩，永裕盐业公司在国际经济战线的胜利，荦荦大端，足够惊人。”而久大简直就是黄海、永利、永裕的“提款机”！有一次，永利需要1万元，陈调甫拿着范旭东的亲笔条子，到久大会计处领款，会计科长周雪亭把账簿给他看，说：“久大资本只有40万元，现在借给永利的已有20万了，以后怎么办？”两人相对唏嘘，陈调甫惶恐得无地自容。但就是在这样窘迫的情况下，久大仍然多次向黄海、永利这两个“难兄难弟”伸出援手。

可能一些读者会说：这不是违反企业管理制度的做法吗？太落后了，不应该！对，这是违法管理制度的，但他又能怎么办呢？当时的中国，企业要融资比登天还难，永利制碱是个烧钱的项目，如果在前期没有支援，它很快就死了，黄海是一个没有盈利能力的科研机构，当时政府拿不出钱支持，社会资本也奇缺，这个时候久大不站出来，那永久黄团体就要散摊子了。

也许，靠久大来支持黄海和永利不是什么“科学”办法，但在当时的条件下是唯一可行的办法。我们现在常说要“实事求是”“因地制宜”，才闯出一条有中国特色的社会主义道路，如果当初继续照搬苏联的那一套，那我们不知道还要走多少弯路！我们向外国学习，一定要立足于中国的实际情况，该变通就得变通，外国有的，我们可以不搞，外国没有的，我们也可以搞。

今天我们办企业，也不可唯外国的马首是瞻，对于国外先进的管理制度，一方面要“拿来”，另一方面也要扬弃，要建立有中国特色的企业管理制度。

11

我们认定中国人必要先苦苦的（地）干一番，至少自己要站得起才受得起人家的帮助，否则，不是人家帮助我们，倒是我们帮助人家消纳资本扩充市场了！因此，在目前中国情况之下，我们对于利用外资合办工业这个问题，不肯轻易赞成。（1934年12月20日《海王》第7年第10期）

这是范旭东在永利化学工业公司励行新组织会议上的讲话内容之一。永利化学工业公司，因业务范围扩大，为适应发展的需要，亟需进行组织上的改革，于1934年11月26日召集公司、工厂及各营业区重要职员在天津总公司开会。会上范旭东讲的这一席话是有针对性的。

1929年，范旭东打算在永利制碱的基础上，再办一家制酸厂。制酸对于国家关系重大，然而在范旭东生活的旧中国，国家的工业水平极端落后，根本无力制酸，所需的酸以及相关的酸制品几乎都要依靠进口。外国企业也认为中国人没有能力制酸，于是英国、德国的公司上门寻求“合作”，他们先是“劝说”中国政府不要“自讨苦吃”自己建厂，直接买他们的产品就行了。在遭到断然拒绝之后便提出了苛刻的合作条件，他们要求在 12 年内，中国政府不得在湖南、湖北、江西、安徽、江苏、浙江、福建、四川等8 个省与其他公司开设新的硫酸铵厂，还坚持中国氮气公司的硫酸铵产品均由英、德两公司组织联合包销。这哪是合作啊？分明就是打着“合作”的幌子在中国销货赚钱，根本就不会转让任何的生产技术。范旭东当然看得很清楚，他打了一个比方：设若有个中落的家庭，公子哥儿一向是菽麦不辨的，到了穷极无聊的当儿，忽然想起和一班土劣大讲其合作治产，以为这一定可以挽回他的家运。在明白一点事故的人看了，这不是一场滑稽悲剧吗？这和在今日情况下高唱中外合办工业的事没有两样。所以他坚持自己办厂，终于在1937年2月在南京建成了当时东亚最先进的制酸厂。

工人们正在建设永利硫酸铵厂

当然，范旭东也并不是无原则地拒斥外资、拒斥中外合作。其实早在1929年，为扩大资本，永利曾和英国卜内门公司谈判，组建前者占52%、后者占48%的中英合资企业，但是由于种种原因没有实现。可见，只要自己在技术能力上占主动，大家地位平等，没有附加条款，范旭东是很乐于合作的。

范旭东的做法给了今天的企业家一个重要的启示：对外合作是必要的，但前提是不能依附于他人、受制于他人，要在独立自主的基础上开展合作，在自己一无所有的情况下贸然引入外资，那将无异于“引狼入室”！各位读者朋友，切记切记：最终还是要靠自己！

12 这个恐怕是我对于永利最末尾的服务。（1934年12月20日《海王》第7年第10期）

范旭东为什么要说这句话？其实，他并不是要“立刻辞职走开”，也不是“立刻就要升天去了”，只是因为此时他为公司做了一件极其重要的事——制定公司章程。

对于一个企业来说，章程是共同愿景，让企业未来的发展有一个相对稳定的预期。1978年，邓小平同志说了一句十分重要的话：必须使民主制度化、法律化，使这种制度和法律不因领导人的改变而改变，不因领导人的看法和注意力的改变而改变[1]。

我们常说，制度比人强。办企业也是一样，一个创业者哪怕能力再强，如果没有给企业留下一套管用的制度，也很容易出现“人亡政息”“人走茶凉”的情况。据2012年有关数据显示，中国中小企业的平均寿命只有2.5年，中国集团企业的平均寿命仅7~8年，而欧美企业平均寿命为40年，日本企业平均寿命58年。为此，很多学者百思不得其解，中国的民营企业为什么存在的时间这么短暂？我们可以从历史中找答案：1934年，《永利化学工业公司业务机关管理章程》把公司职员信条都用文字列举出来，全公司自总经理至雇员，都受这信条的支配和章程的管理。当

[1] 1978年12月13日，《解放思想，实事求是，团结一致向前看》。

时的中国民族工业企业，连基本的生存的问题都难以保证，今天不知道明天的事，有多少企业肯费脑筋去为明天制定一套制度？偏偏范旭东就这么干了。难怪他敢说“这个恐怕是我对于永利最末尾的服务”。事实证明，这套章程很管用，范旭东不幸于1945年病逝，但公司此后基本上还是照着章程的思路管理的。

如果今天的企业家，都舍得花功夫为自己的企业提供一次“最末尾的服务”，那中国企业的平均寿命一定能显著提高吧。

13 物资上的收获不算多，但是加强了同胞对中国人在技术上的信心，从前怕外货竞争吓得不敢动弹，经此一战也附带减退了。（1943年5月30日《在新塘沽学社成立会上的演词》）

这是说的哪一战？1926年至1928年与英国碱业巨头卜内门之战。

这一战堪称惨烈。先来看看对战双方的实力对比：英国卜内门公司，当时已有半个多世纪的历史，制碱经验丰富、技术先进，1900年就已进入中国，是独霸中国碱业市场多年的“世界托拉斯”。而范旭东的永利制碱公司，成立不过数年时间，1926年才第一次制出合格的纯碱，尽管随后获得费城万国博览会金质奖章，但毕竟市场经验不足，尤其缺乏开拓市场的经验。看上去，对战双方实力悬殊，胜负似乎已定。这仗还打吗？范旭东说：打！怎么打？他们怎么打，我们就怎么打！

卜内门是怎么打的呢？打价格战。它企图凭借优势地位拖垮立足未稳的永利。卜内门作为世界碱业巨头，其市场遍布全球多地，中国仅为其众多市场中的一个，因此它手里可打的牌也更多。卜内门在中国发动价格战，尽管自身在中国也将遭受重大损失，但它可以“拆东墙补西墙”，通过在其他国家市场上的盈利来弥补在中国的损失，对其公司整体而言，影响是有限的，损失是可以承受的。永利则不同，永利的市场远不及卜内门，它手里只有一张牌，如果中国市场大幅亏损，是不会有其他市场的盈利来弥补的，这样一来整个公司都将遭受巨大损失。面对对手发动的价格战，范旭东没有退让，反而上前一步，迎头痛击对手。他这么做，一是因为退无可退，二是因为他还有“后招”。这个“后招”就是开辟“第二战场”。在中国市场，每次卜内门降价，永利都坚决跟进，苦苦支撑。同时永利还积极进军日本市场，并在日本市场上主动跟卜内门打起了价格战。这是卜内门万万没想到的，被打了个措手不及，在日本市场上损失惨重。这时候，卜内门已经意识到，想在中国市场上直接压死永利是办不到的，而如果在日本市场继续与永利斗，最终只会落下个两败俱伤的结局。卜内门实在是不愿承受这么大的损失，于是主动议和，从此两家基本相安无事。

这一仗，看上去是平局，但真正的赢家是永利。这对士气的提升是巨大的！难怪范旭东如此兴奋。今天，中国企业依然面临着一些发达国家的打压，我们不能怕，也没必要怕，今天的中国不是百年前的中国，当年的范旭东与卜内门打仗尚能不落下风，今天的中国企业有什么可怕的呢？

14 去年黄海在五通桥举行二十周年纪念，有许多关心这种情形的朋友，提议应该由社里指定几个人专负责应付这类临时发生的问题，同时应另自设一个机关，凡是经过实验室研究所得的结果，认为前途有望可以设厂大量生产的，必先做一个半工业实验，不要拿研究室所得的结果，一步就跳到建设工厂，免得中途发生危险，贻累无穷。（1943年6月10日《在三一化学制品厂开幕演词》）

这句话里面的“另自设一个机关”，指的就是三一化学制品厂，因为成立于民国三十一年（1942年），所以命名三一。

这家工厂有点特殊，在“永久黄”中也不太抢眼，容易被人忽视，但它十分重要，不得不拿出来专门讲一讲。1942年，范旭东的工厂搬到四川已有4个年头了，久大川厂、永利川厂都已在当地站稳脚跟，侯德榜的“侯氏制碱法”也已初试成功，按理说应是暂时松口气的时候，但范旭东仍然在“盛世”之中察觉到了危机。他说：“因为实验室的研究和设厂大量制造，中间有许多要件必须切实查明，要经过一段半工业实验阶段，才靠得住。这在欧美化工先进国，凡是创造一种新的商品，早已认为是必经的步骤。中国人才物力都不许可，国人又急于要见功效，这种做法，以为是绕弯子太大，嫌它迂缓，情愿花莫大资金，拿正式的大厂做他们的试验场，遇到意外，不免再衰三竭，终归于失败，落得一个怨天尤人完事。”化工在当时的中国属于技术含量极高的产业，每推出一款成功的化工产品之前，先要在实验室里进行大量的实验，等产品性能稳定了才能上市。试想一下，久大制精盐、永利制纯碱，哪一个不是在经过千百次的试错之后才取得成功？特别是永利制纯碱，从1916年初步实验，到1926年成功制出纯碱，竟然花了10年时间！然而，大多数企业不愿意吃这个苦，企图跳过中间反复试错的环节，直接把“梦想”变成产品，结果可想而知，往往一塌糊涂。范旭东看在眼里，急在心里，不仅站出来现身说法，而且亲自创办了“三一”这家专做“半工业实验”的工厂，等于是在实验室与工厂之间建了一个“缓冲带”，实验室出来的成果，不急于量产，先在“三一”这样的工厂里验证一下，直到产品可靠了，才进入正式工厂批量生产。

上世纪40年代初永利川厂用于“侯氏碱法”实验的部分设备

这个道理，今天的中国企业基本上都懂了，以汽车为例，先是在车展上推出一款炫酷的“概念车”，然后进行大量的测试，等性能确实可靠了才成为“量产车”，可想而知，从“概念车”到“量产车”，中间有大量的工作要做，急不得。其实，当年范旭东建的“三一”工厂，不就是一个现成的“转化工厂”吗？用时髦的词来说就是“孵化器”，实验室里的那些成果，先在“半工业实验”工厂里试一试，总有几款适合量产的吧？太阳底下没有新鲜事，如果今天遇到困难，不妨到历史当中去寻找经验，或许，你正感到焦头烂额的事情，之前已经有人成功做过了。

15 现为塘沽本工厂谋教育发达起见，组织教育委员会，特派傅冰芝、沈舜卿、李烛尘、欧阳谷贻四君为委员，办理明星小学校及工读班一切事务。（1927年12月28日《致永久两工厂函》）

逕啓者教育事宜關係國家前進至鉅現爲塘沽本
工廠謀教育發達起見組織教育委員會特派傅冰芝
沈舜卿李燭塵歐陽縠貽四君爲委員辦理明星小
學校及工讀班一切事務專函布達即希
查照辦理爲荷此致
永利久大兩工廠
范銳 十六年十二月二十八日

1927 年 12 月 28 日范旭东致永久两工厂函

1949年4月10日至5月7日，刘少奇受中共中央和毛泽东主席的委托，到天津进行为期1个月的视察活动。在天津东亚毛纺厂、永利碱厂等企业调研后，发现一些资本家的工厂深受工人欢迎，大受触动，在随后的讲话中鼓励民族资本家发展生产。

刘少奇在永利碱厂看到了什么呢?

永利碱厂工人的待遇是相当优渥的，篇首引文中提到的给员工办子弟学校和工读班，只是众多福利当中的一小部分。范旭东董事长带领下的董事会，除了留一些利润用于发展生产外，其余部分都用来发职工工资和兴办工厂福利事业。永利碱厂工人的工资是天津工厂里最高的，红包多，福利待遇也是最好的，工人生活富裕。工厂除自办小学外，还办医务诊所，工人和孩子看病不要钱。大病转市院，工厂负责一半费用。连续在厂工作20年以上，退休后能领一笔可观的养老费。早在1920年，久大精盐公司就为单身工人造宿舍，称为工人室，能住七八百人，30年代又建设了永利新村，为技术人员提供独门小院，家中用煤都是厂方免费供应。在管理上，范旭东也极为重视工人利益。陈调甫说：在20世纪20年代的中国，实行8小时工作制的工厂，我所知的只有永利一家。

范旭东为什么这么做?这固然是因为他作为知识分子的情怀，同时也是因为他看到了人的价值，看到了人才的重要性，所以才会如此维护工人、技术人员的权益。

电影《天下无贼》里有一句经典台词："21世纪什么最贵?人才!"看来，早在20世纪上半叶，做企业的范旭东就想明白这个道理了。

16

他的著述现在风行各国，打开制碱工程秘境给全人类，这比苏尔维氏硁硁自守，而侯先生气度崇高，尤其值得赞扬！（1943年12月18日《中国化工界的伟人—侯博士》）

这个“他”，说的就是侯博士——侯德榜。

侯德榜是范旭东的亲密战友，是永利化工的技术“台柱子”。“他的著述”指的就是《制碱》（*Manufacture of Soda*）一书，是侯德榜于1933年在美国纽约最终完成并出版的。此书的出版打破了苏尔维制碱技术70年的垄断和封锁，揭开了制碱技术的奥秘，使苏尔维制碱技术成为全人类的共同财富。

公开制碱技术，下这个决心相当不容易。首先，研究成果来之不易。从1916年11月范旭东决心以盐制碱到1926年6月永利生产出合格纯碱，他们历经了整整10年。这10年，绝不是轻轻松松、敲锣打鼓的10年，而是历经艰辛、卧薪尝胆的10年，他们所跨越的，不仅是制碱技术的门槛，还解决了设备、工艺等方面的诸多难题，其中1924年第一次出碱，得到的还是呈黑红色的次品，直到两年后才生产出符合要求的纯碱。其次，国外对此技术高度保密。范旭东对侯德榜讲了一个故事：1913 年范旭东奉命到欧洲考察盐政，在英国时他要求参观卜内门碱厂，当时英国人满口同意，但在临参观时，他们领着范旭东等人仅在该厂的锅炉房转了一圈，就将他们从后门引出厂外。范旭东深受刺激，但同时也意识到：核心技术是看不到、买不到、要不到的，必须靠自己。

但是，当自己真的掌握了制碱的技术，到底是应该像英国卜内门公司那样垄断独享、独自盈利，还是公之于众，让其他人分享蛋糕？最终范旭东和侯德榜选择了后者，他们认为，出卖专利获取暴利，这不是永利的目的，永利同仁苦战10年，目的是为了振兴中国的民族工业，是为了祖国摆脱贫穷落后的困境，虽然永利成功了，但决不能成为第二个索尔维，第二个卜内门。事实上，得益于范旭东和侯德榜的无私之举，中国近代化工业整体上得到了长足进步，为今后的腾飞奠定了坚实基础。

现在还有没有这样的企业？有。比如科技公司特斯拉，它是生产电动汽车的，2014年6月，其CEO马斯克宣布对外开放旗下所有专利。马斯克甚至宣称：我们相信开放专利只会增强，而不是削弱特斯拉的地位。虽然境界有高低，但逻辑是类似的：特斯拉的目的是带领电动车厂商打败燃油车，而永利的目标是带领中国民族化工企业打破西方垄断。

所以，做企业不妨对竞争持开放心态，这既是一种境界，也是一种策略。

17

巴西设碱厂，请我方设计，致兄、寿缙兄二位定后日飞往，我们居然显神通给世界人看，差强人意。（1944年12月20日《致阎幼甫信》）

范旭东说这段话有个背景：1944年底，巴西政府请侯德榜前往帮助选碱厂厂址。外国政府向中国企业寻求帮助，而且还是技术上的帮助，这恐怕是“大姑娘坐花轿——头一回”！永利奋斗多年，终于有机会在世界上显神通了，难怪范旭东如此兴奋。不仅如此，1946年，印度要建碱厂，请侯德榜做总工业顾问。范旭东在另一封给阎幼甫的信中写道，“我们是越玩越远了，世界上竟有我们民族翱翔的余地”，自豪之情跃然纸上！

搞技术输出，是一件门槛很高的事，更何况是在抗战胜利前后的中国！当时中国满目疮痍、百废待兴，自己的事情还顾不过来，哪有心思和能力操心别人家的事？偏偏范旭东的永利就可以！其实这也很好理解，永利艰苦创业30年，虽然国内积弊甚深，还遭强敌入侵，被迫内迁，但侯德榜博士早已是名声在外，永利的制碱技术已被世人所熟知，当时，永利不仅把自己的制碱技术公布于世，形成《制碱》一书，而且在抗战期间还自行摸索出了一套“侯氏制碱法”，对发展中国家颇有吸引力，巴西、印度此时相继向永利伸出橄榄枝就不足为奇了。

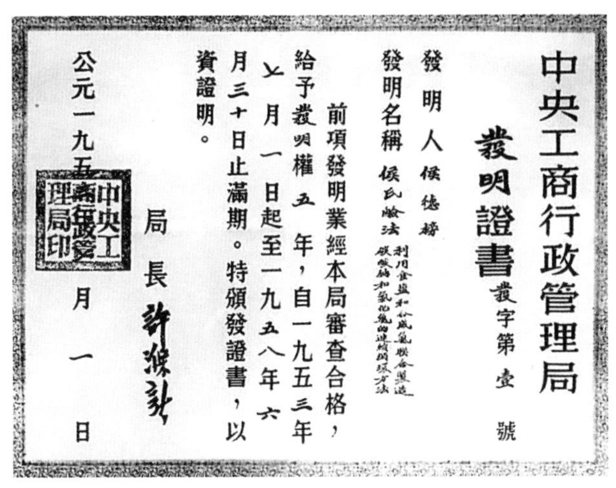

中央工商行政管理局

發明證書　發字第壹號

發明人　侯德榜

發明名稱　侯氏鹼法　利用食鹽和合成氨聯合製造碳酸鈉和氯化氨的連續循環方法

前項發明業經本局審查合格，給予發明權五年，自一九五三年七月一日起至一九五八年六月三十日止滿期。特頒發證書，以資證明。

局長　許滌新

公元一九五　月　一　日

中央工商行政管理局印

1953年7月1日“侯氏制碱法”获得
新中国发字第一号发明证书

那我们不禁要问：为什么要搞技术输出呢？永利的技术输出又有什么收获？首先，技术需要交流才能进步，中国在近代的落后，就跟长期自我封闭有极大的关系，借助技术输出，中国的企业到世界上去看一看，是大有好处的；其次，永利的技术输出也不是搞慈善，是有真金白银的回报，比如侯德榜博士指导印度建碱厂，先后赚回了8万美元，永利出售“侯氏制碱法”工厂设计图纸赚了10万美元。

可见，中国企业“走出去”，并不是现在才有的新鲜事，过去永利能做到的，今天的中国企业没有理由不做得更好。当然，今天的“走出去”是全方位的，不仅有技术的输出，还有管理、人才的输出，比如中国的高铁，并不是只出口几辆动车这么简单，还包括一套完整的管理、控制系统和人才培养机制，这也是国家软实力的体现，是一个负责任大国的企业该有的样子。

18 总计在国际路第二次被封以前，本公司经由越缅两线内运之器材，约共一千二百余吨，此在一流浪之商办公司，已极难能而可贵之成绩矣。（1942年12月1日《致永利化学工业公司股东公开信》）

抗战初期，由于沿海各港口相继沦陷，永利川厂建设所需设备只得通过越南的海防，再经广西和云南转运到四川。但是，1940年之后，原来被法国控制的越南港口落入日本之手，经越南这条路走不通了，只能开辟中缅通道，还随时面临日军的威胁。在如此困难的条件下，永利公司仍然抢运了1200余吨物资，要知道，1938年民生公司举全力抢运物资入川，也不过抢运了9万多吨物资。永利这家化工厂是如何创造这个抢运奇迹的？因为它有自己的物流。

我们知道，物流是一家企业的血管。但在20世纪上半叶的中国，企业物流的基础设施十分薄弱，特别是抗战爆发后，更是雪上加霜。举个例子：日军占据越南港口后，永利囤积在港口的500吨器材无法运抵国内，不得不联系一艘开往菲律宾的货船，试图将这批物资运往美国人控制的菲律宾保存。然而，这批器材刚刚装船，就被日军察觉，连船带货全部被劫往日本本土，永利遭受巨大损失。范旭东甚为痛心，在信中写道：“惟以后运道更长且阻，困难万端，绝非寻常办法所能奏效，不得已于是年（1940年）九月特亲赴美国，增购车辆、油料、车胎、配件，切实加强运输力量。”有关资料显示，当时已57岁的范旭东亲自赶赴美国，找到福特汽车公司创始人福特先生，一次性购买了100辆福特卡车，在缅甸雇佣了200多名卡车司机，组建了一支“全美械化装备”的运输大队。尽管1942年日军切断了滇缅公路这条大动脉，但范旭东自办运输、自建物流渠道的努力仍然值得钦佩，而这支运输队也确实发挥了重要作用，体现了自己的价值。

抗日战争时期，抢运设备途中休息的永利汽车运输队

范旭东当年的“惊人之举”，在今天看来已稀松平常。2007年，京东集团决定自建物流，如今，京东集团的线上零售订单约90%都可以实现下单当日或次日送达，京东物流成为国内最具实力的物流企业之一。2020年新冠疫情暴发，一些民营公司的自建物流也参与了防疫物资的抢运，体现了一定的社会价值。这些都是范旭东想办却没有办成的事情，今天我们重温他的故事，并非仅仅是忆苦思甜，而是试图说明物流对于企业，甚至对国家的重要性。

19 近年黄海尝试了几种比较新颖的研究，可惜我们到现在还在暗中摸索，没有多大成就，菌学就是其中之一。（1939年2月21日《〈黄海〉发刊的卷首语》）

引文中的“黄海”指的就是黄海化学工业研究社。它的前身是久大附设的化学实验室，1920年，范旭东把实验室独立出来，花十多万银元购买土地、建设实验楼，1922年春，研究室定名为“黄海化学工业研究社”，并请孙学悟博士主持。对于建立研究社，当时很多人都不理解，反对的声音并不少。从引文中我们也能看出，黄海的发展遇到很多困难，在一些领域“没有多大成就”，但范旭东为什么坚持要做这件事呢？用今天时髦的话来讲，这是范旭东的“备胎计划”。

办企业最怕的是什么？一怕缺钱，二怕在技术上被人“卡脖子”。可问题是，企业如何避免被人“卡脖子”呢？这就要保证当风险发生时，有应对方案。也就是说，企业要同时掌握和探索多条技术路线，分散风险压力，增进防范化解风险的能力。

黄海化学工业研究社就是做这个事情的，在研究制盐、制碱、制酸的同时，它还探索其他方面的“新颖的研究”，比如，菌学、肥料、轻金属、水溶性盐类等，具体研究过高粱酒、汾酒、山西醋、绿豆粉条、明矾、铝等。这也是一个试错的过程，谁也不知道哪条路能走得通，或许研究会失败，或者研究成果找不到应用场景，但也会有一些“意外之喜”，比如，作为研究的副产品，带有盐分的“明星”牌牙膏曾在抗战前后风行一时；1932年完成了提制铝化氧的初步工作，1935 年试炼出我国第一块金属铝样品；研究了食盐精制除钡的方法，从此消除了四川犍为、乐山地区曾经流行的“痹病”。当然，大部分研究成果并没有走出实验室，就默默地躺在记录本上，或许永远都不会有“出头之日”，但这是企业必须承受的“冗余”，就像每台汽车里的备胎，可能用不上，但必须要有。

这再次让人想起了华为。可以说，几乎在所有关键产品上，华为都准备了“备胎”。在国家层面也一样，钟南山院士在上海科技大学2021届本科生和研究生毕业典礼上透露，中国现在有71个疫苗正在研发。为什么同时研发这么多？因为要同时探索不同的技术路线，而且大部分都是“备胎”，这样不管今后发生什么变故，中国都能确保有疫苗可用，这是预防风险的最佳策略。

你的公司有“备胎计划”吗？

20 惟（唯）有一点，即吾人决不至因顿挫而自馁，置公众赋予之责任于不顾；即万一终不成功，将来实受厥累者，仅为我辈少数负责之当事人，对公众或股东与债权人，应不至有任何不便，此则差堪自信者。（1942年12月1日《致永利化学工业公司股东公开信》）

这一点，谈的是信用问题。这虽然是老生常谈，但如果读者了解范旭东说这几句话的背景，一定会肃然起敬。

1942年，抗战胜利的曙光还未显现，不管是国内还是国外，都是乱哄哄、一团糟。那时的久大、永利川厂虽然在四川初步站稳脚跟，但已是历经劫难、元气大伤。天津、青岛、南京的资产，均被日军侵占，20多年的积累荡然无存。内迁之后，工厂重建需要大量资金，范旭东不得不大量举债。1940年10月22日，范旭东在《致联合办事处函》中写道："年来工程所需及日常费用，皆取给于重息借来之资金，在承平时代，全恃借债以经营须长期缔造之大工业，已极危险，况在战时，万事动乱，漫无准则。"但在这种环境下，范旭东仍能借到钱，他没有什么抵押物，几乎全凭他个人的信用。

个人的信用，是长期积累下来的。说到底，范旭东是一个深受中国传统文化影响的知识分子，他信奉的是"无信不立"的价值观，哪怕是在极端环境之下，他也坚守信用底线，对“公众或股东与债权人”，他砸锅卖铁也会负责到底。举个例子，1941年4月，范旭东在缅甸仰光亲自督运物资，在那么动荡的时局下，他仍然不忘安排3支车队，全部用来装载汽油运送回国，这是很危险的事情，但他坚持要做，目的就是出售这些汽油，换取资金来还债！其实，那时国内兵荒马乱的，谁还顾得上讨债啊？但范旭东不用人讨，自己主动还债。到1937年七七事变前，包括中南、金城、浙江兴业、交通、上海储蓄等南北各大银行已借给永利970多万元，而永利在最为艰难的1943年到1948年间，居然全部还清，没欠下一个铜板！

范旭东是企业家的榜样。虽然现在我们的金融系统、征信系统在不断完善，但仍然时不时会见到一些“老赖”上新闻，个别人为了躲债甚至长期滞留国外不归。

信用是发展社会主义市场经济的基础。统计数据显示，2020年全国新设市场主体2500万户左右，全国市场主体已过亿，在这么多的市场主体里面，我们希望能多一些“范旭东”，少一些“老赖”。

四、范旭东说修身

（黄守愚）

1 我愿从今以后，寡言力行，摄像立誓之证。注：时方中原不靖，安危一发，有感而记此。男儿男儿，其勿忘之。（1905年范旭东摄像立誓）

日俄为争夺中国东北地盘，1904年到1905年间在中国的土地上爆发战争，最后日本打败沙俄。1905年9月5日，双方签订《朴茨茅斯条约》，擅自对中国东北划分“势力范围”。这一奇耻大辱的消息传来，让范旭东十分愤慨，他在自己的相片上题立下爱国誓言。

为此，范旭东一度隐居千叶海滨，秘密研学炸药，以图掌握军火制造技术，为从事革命工作做准备。不料，此事被冈山高等学堂校长酒井佐保知道了，他对范旭东哈哈大笑道：“俟君学成，中国早亡矣！”这种轻蔑的言谈，短短几个字，却严重刺伤了这位爱国情切、热血沸腾的中华男儿的心！从此，范旭东深负国耻，走上了科学救国、工业救国的道路。

孔子说过，“知耻近乎勇”。王船山《思问录》云：“好学、力行、知耻，则二气之良能也。”“颜子好学，知者不逮也；伊尹知耻，勇者不逮也。志伊尹之志，学颜子之学，善用其天德矣。世教衰，民不兴行；‘见不贤而内自省’，知耻之功大矣哉！”曾国藩多次以自己“知耻”来教育弟弟和儿子，激发他们的奋发之气。孙学悟认为，“知耻”是范旭东的人生哲学的根本。“‘知耻’恐怕是范先生终身处世执事的基础。耻之于人大矣哉！不耻不若人，何若人有。知耻近乎勇。社会无耻不立，国家无耻将亡，这是范先生一生的信念。”“总之，旭东先生一生以‘知耻’为其人生哲学根本，以基本化工为其转移风气的工具，更依之培植科学研究，以期灌输科学精神于吾人日常生活而进国家民族于富强之道。这位有理想的艺术家竭终身精力，在一幅生动的作品的创造上，为振拔国人于世界民族中‘争一口气’，不幸于‘画龙点睛’之时去世矣！这一‘点’其非继起者之责而谁欤？”（孙学悟《追念旭东先生》）

心理学认为，羞耻感也有积极的价值，如自省、自责、自觉、自我提升等。范旭东遭遇国耻，以此激励自己奋发有为，报国保民，这是中华优秀传统文化的爱国主义使之然也。

2 中国的弱点，根本在人生观太空虚，受不起实现主义的冲刺，惟其空虚，所以最易趋向敷衍、萎缩、自私，得过且过的途径。惟其崇尚实现，所以万事都要激底，丝毫不肯苟且，这都是必然的归结。（1934年8月30日《我的国防设计观》）

范旭东多次提出“崇实黜虚”的主张。这段话出自范旭东在1934年发表的《我的国防设计观》一文。

1931年“九一八”事变之后，日本占领东北，加紧了侵略中国的步伐，先后策划了上海“一·二八”事变（1932年）、炮制伪满洲国（1932年）、长城事变（1933年）等。1933年5月，中日双方在天津签订《塘沽停战协定》。原计划在黄海化学研究社新建的图书馆大楼内签字，但遭到范旭东拒绝。丧权辱国的谈判和协定，怎么能在范旭东的“永久黄”内举行呢？

面对日本的不断侵略，当时的中国各界纷纷主张加强国防建设，范旭东本之于湖湘文化的传统，在《我的国防设计观》提出了自己的看法，希望“崇实黜虚”，基于科学来设计国防事业。

湖湘文化注重务实，主张实事求是，反对空谈和虚无的人生观，这些在范旭东身上得到了淋漓尽致的体现。湖湘学派的胡宏、张栻都“崇实黜虚”。尤其是张栻反对“舍实理而驾虚说”，主张“行贵精进，言贵简约”，胡宏十分赞赏这种精神，认为它“真有益”，人们应当在这个方面“痛加功夫”。朱熹也赞同张栻的主张，评价他“见处高，践履又实”。

王船山是近现代湖湘文化的渊源，被誉为“湖南人精神始祖”。王船山一生在反思明朝灭亡的教训，在反思、批判传统文化的过程之中，极力反对“虚”，推崇“实”，认为是“虚”导致了明朝的灭亡。王船山认为，方以智父子“质测之学”是格物致知。这也就是说，科学实验是格物致知。可见，王船山在反思明朝灭亡的教训和接触到当时来自西方的科学之后，初步有了现代科学的意识。王船山的儿子王敔说，王船山的思想是“欲尽废古今虚妙之说而返之实”，可谓为“由虚返实”。因此，现代著名思想史家侯外庐评价王船山是“开启近代的思维活动”。

郭嵩焘继承了王船山的“由虚返实”的思想。他说，“朝野多名贤，大半崇清谈”，这种现象“决非天下之福”。他还说，“人须有实际，至诚所动，金石为之开”，“求实效而不为虚语，务力行而不责近功”。他认为，西方科学发达的认识论原因，在于西方人重视“实事求是”，“西人格致之学，所以牢笼天地，驱役万物，皆实事求是之效也”，“实事求是，西洋之本也”。

范旭东是学化学出身，推崇科学，以“我们在原则上绝对的相信科学”，他多次谈到我们民族的弱点是“虚”，因此要“崇实黜虚”。纵观古今中外，“虚”“实”是依据社会条件变化的，而“虚”也是因人的局限所造成的，每个时代都在反虚崇实。尤其是在工业革命之后，“实用主义”成为推动社会前进的动力，不切时代实际的都被认为是“虚”。范旭东讲的“实”实际上是湖湘文化在现代的新发展，是基于现代科学的“实”。古代有古典科学，没有现代科学，也不可能有基于现代科学的“实”。范旭东认为，在欧洲中世纪，社会风气也是尚“虚”的，但是自工业革命以来，欧洲各国知识分子异口同声反虚崇实，唤醒民族自觉，所以创造了欧洲的奇迹。

范旭东希望中华民族觉醒起来，“崇实黜虚”，各尽其力，实现民族的振兴！如何“崇实黜虚”？范旭东认为，在认识世界方面，要基于现代科学的“格物致知”；在做事做人上面，要认真负责，不敷衍，不萎缩，不自私，积极开拓进取，不断创造新事物。

王船山有言：“名非天造，必从其实，”岳麓书院有“实事提”匾。可见范旭东的务实精神是有其理论根据的。

3 创造新的人生观，这当然是为时尚早；现在我希望取渐进办法，只要在位的人们，如军政界的高官和学术、思想、工商、金融各界的首领先明白过来，认定我们祖先遗下来那样空虚的人生观是不合人类生存的，这才是从（重）新创造的起点。（1934年8月30日《我的国防设计观》）

范旭东在1934年8月30日发表《我的国防设计观》一文，提出了“创造新的人生观”。

在古代，科技不发达，发展的机会不多，个人之幸福主要寄托于读书做官，而读书又偏向于八股文，其次是修身养性，没有现代科学的治学方法，不懂得研究大自然以此创造物质财富。范旭东认为这是“虚”。不过，这是对比工业革命之后的“虚”。

王船山说：“六经责我开生面，七尺从天乞活埋。”“乞活埋”，语出《景德传灯录》，意思是创制立法，主持正道，担任引领潮流的领袖，为广大民众探索发展的要素，提供发展的机会。范旭东在当时确实是一个引领潮流的人。

范旭东认为，新的人生观是基于现代科学的，“必得理解科学价值的所在，抱必死决心，必须向科学方面进行，绝不疑惑”。与此同时，新的人生观是基于工业革命以来的社会现实的。传统的人生观之所以“虚”，是因为科技不发达，不能正确认识社会；发展的机会不多，物质财富不丰富，将人生寄托于做官上面，或者走向虚无主义、禁欲主义。在工业革命之后，科学家将目光投向大自然，发展的机会无限，不断研究新的事物，又将新的发现、发明应用于社会，创造了无穷无尽的财富。范旭东创办黄海化学工业研究社，孙学悟认为这是探索“发展的要素”，创造更多的发展机会，长久地创造更多的财富。“由虚返实”，是要认识到现代社会的规律，遵从规律去办实事，不虚度光阴。

在古代，没有现代科技，敢于冒险、敢于创造，但最后无功徒劳的可能性偏大。尤其是禁欲主义，是因为古人无法驾驭好欲望，物质财富又不丰富，顺从自然产生的欲望也是徒劳，所以采用消极的办法，主张压抑人的欲望。譬如，海洋文明是西方人创造的事业。全人类的古代，并非没有“海洋文明”，而是没有现代科技，无法深入开发海洋资源，纵使冒险也是徒劳。到了工业革命之后，“无限欲望”有了现代科技，如虎添翼，不断推动社会前进。这个时候，需要冒险和急于行动了。

社会条件发生了巨变，正如王船山的器变引发道变、天变，因此，有虚、实之变，新旧人生观之变，要敢于顺应时势去创造。

传统文化主张“创制立法”，唯有创造新的人生观，开辟新的生路。父，斧也。斧，俗称“开山子”。父之为父，负有开疆拓土之责任。不创造，死路一条。开疆拓土，是必然的要求。古人总是拈提“开基作祖”，要求子孙当开山祖师，用意在于此。

范旭东还认为，“我敢说物资不够，比较的办法多，惟（唯）有空虚的人生观一天不洗刷，纵然有天大的富源摆在我们眼前，我们也没有勇气去利用，这样实例，真不知道多少？”创造新的人生观，“这或者是中国复兴的起点”。

4 学以致用，是句老话。（1938年7月7日—1939年11月20日《闲穷究》）

《闲穷究》是范旭东在抗日战争时期写的24篇随笔。“学以致用，是句老话”，出自第6篇。范旭东在这篇随笔里面提到了朋友送给他的一本科学研究机关的工作报告，有33篇论文，“目前也许可以致用的4篇，再过10年研究不迟的13篇，替外国学术界喊吆喝的16篇”。范旭东对此有点义愤，并说：“爸爸一锹头一锹头的从田里锹出来的血汗钱，少爷们拿来做这样科学救国的工作，好孝子！好国民！”

范旭东主张学以致用，源自于湖湘文化。蔡伦改进创新造纸术，泽被后世。湖湘学派开山者胡安国苦治《春秋》数十年，其儿子胡宏继承家学，认为学术之目的是明体致用。到了王船山那里，他反思明朝灭亡的教训之后，大声呐喊“经世致用”。到了清末，面对外国入侵、羞辱，曾国藩、胡林翼、左宗棠等经世理学派大家兴起。他们以儒家义理之学为本，将湖湘学统中的理学思想、经世实践与道德践履有机结合，同时又从经世的社会功用与实用理性出发，引进西方物质文明，开展洋务运动，建工厂、兴学堂、派留学生、翻译书籍，影响了中国近代社会的发展。

王船山、范旭东的“致用”观，是一脉相承的。《易·系辞上》：“备物致用，立成器以为天下利，莫大乎圣人。”孔颖达疏：“谓备天下之物，招致天下所用。”意思是说，探索更多的发展要素，提供更多的发展机会。在古代，没有现代科学，不能发现更多的新事物，也不能发现一个旧事物有更多的“用”，更不能实现工业革命之后的不断效率最大化，情有可原。古代人主张“经世致用”，应以治事、救世为急务，反对当时的不切实际的空虚之学，但是受制于当时的科学技术之能力。正如侯外庐说的王船山“开启了近代思维活动”，他已将现代科学研究纳入了传统的格物致知，希望为“经世致用”注入现代科学的内容。到了范旭东这里，他是学化学出身的科学家，认识到了现代科学的本质，真正为“经世致用”注入了现代科学的内容，如运用科技探索更多的发展要素，提供更多的发展机会，实现效率最大化，切实解决当务之急等。

有人不了解范旭东创办黄海化学工业研究社，指责在实验室做实验是“洋八股”，空虚，不务实，不是学以致用。殊不知，做实验是科学研究的基础工作，正是学以致用的关键步骤。

5 工业技术范围极宽，自制造以及管理经营，无所不包，即无一不待深厚的学理研究做基础、做向导，否则一定落伍，甚至全盘事业，偶为一二小缺点顾虑不周，遭了挫折。（1936年8月《祝中国科学社等七科学团体联合年会》）

1936年8月17日至20日，中国科学社、中国数学会、中国化学会、中国物理学会、中国动物学会、中国植物学会、中国地理学会等七大科学团体在北平召开第三次年会。范旭东在此次年会上发表祝辞。以科学为本，重视技术创新，下根本的工夫，这是范旭东在祝辞中的主张。这种思想可溯源到屈原的《天问》，近则是王船山、郭嵩焘。

在湖南的历史上，王船山是较早接触到现代科学的人，提出将质测之学纳入格物致知的范畴。可惜这一巨识在当时并未产生重大影响。魏源在鸦片战争之后，提出了“师夷长技以制夷”。这个认识在清末时期是有震撼力的，一时掀起了一场自救的“自强运动”（今日称作“洋务运动”）。中国第一任驻英法公使郭嵩焘亲历欧洲社会，已认识到了富强的本源：重视商务，保护商民，民富是国强的基础；政教修明，以法治国，君与民交相维系；重视科学，发展教育，培养有用人才。显然，郭嵩焘比魏源又进了一步，但是仍然没有成为当时的共识，使得近代耽误了发展时间，当时之人“虚”而不“实”。因此范旭东认为，张謇、周学熙两位大纺织企业家早年成功、晚年失败，是没超越时见，不知道科学是技术创新之本，对科学没有深入的了解。

我们今日无法想象近现代民族资本家当年遭遇的心酸困难，在西方的羞辱、入侵面前，民族资本家虽然充满了寻道图新的热情，但是在科技、资本、人才、管理、市场等方面的“先天不足”，不是折戟而归就是举步维艰，无法突破西方的围剿而给中国工业带来光明。从古典科学走向现代科学，形势发生了巨大的变化。过去，凭经验和感觉实现技术进步。进入现代科学时代，个体的怀疑升级为集体的怀疑，偶然的发明让位于有意识的科学探索，巧合的发现演变成以技术创新为主的工业方式。在当时，“社会环境”不好，顶多是“师夷长技以制夷”，不能认识到“技”背后的“科学”，并且“百工技艺”没社会地位，因此，范旭东创办“黄海社”，国人不能理解，工商界也不能理解。范旭东常说以孤臣孽子之心办“黄海社”、办工业，谓“黄海社”是孤儿，谓孙学悟社长是“守寡”，又谓侯德榜是“寡妇”，可谓用心良苦。他似乎是堂吉诃德，离经叛道，与世俗作斗争，无惧成为众矢之的的“孤家寡人”。功不唐捐，范旭东早早地运用学术研究扩张产业，让“永久黄”飞龙在天，获得了巨大的成功。这个时候，工商界才醒悟过来，跟风模仿范旭东。由此，范旭东的创新精神、冒险精神因其事业的巨大成功而被人承认了。也可以说，范旭东是一位“科学”的好导师，是一位技术创新的好导师。

6 “书生之见”比“发财之念”浓厚得多。（1944年9月30日—10月10日《久大第一个三十年》）

《久大第一个三十年》是范旭东在1944年久大30周年纪念会上的演说词。范旭东经常说自己是“书生”，也说他的团队核心骨干是“书生”。如范旭东在1934年说：“公司的人事方面，向来侧重同人的道德实践，不多在条文上用功夫。我们艰难的大业，居然由几个贫弱书生手创出来，不能说没有伟大的效果。”而在当时，也有不少人认为范旭东是“书生”。英国人季培德与范旭东接触后，屡称他“非生意人，乃一理想者”，也就是说，季培德也认为范旭东是“书生”。

“书生”是指读书人，在古代是指儒生，后来比喻为不顾现实的理想主义。不懂现实，就可能会不顾现实，明知山有虎偏向虎山行。在古代，有一个价值判断和事实判断、事务办理的分工，“书生”负责作价值判断，“非书生”做实事，二者原则上互不越俎代庖。当然，也有例外，当天下大乱之时，“非书生”没能力办成事，“书生”才出来办实事。罗泽南、胡林翼、曾国藩、左宗棠等以“书生”带兵打仗。陈独秀《欢迎湖南人底（的）精神》说：“几十年前曾国藩、罗泽南等一班人，是何等‘扎硬寨’‘打死战’的书生！”纵观古今中外，没有理想主义的引擎，人往往会自甘堕落；人是有“局限”的，一味尊重现实，被“局限”束缚，可能是一事无成。人类之所以能不断前进，在于总是会有少数人不顾现实，发扬理想主义，如孔子明知不可为而为之，唤醒大众，鞭策大众。范旭东常说的“书生”，是他在道德心理上的依据，更是用以鼓励追随者们的“立法”。

湖湘文化向来有“书生”干“分外事”的传统。王船山以“书生”在南岳后山领兵起义，反清复明。清末，罗泽南、胡林翼、曾国藩、左宗棠等以“书生”带兵打仗；魏源、王先谦、黄自元、朱昌琳、梁焕奎、禹之谟、龙璋等以“书生”经商，被誉为儒商。民国时期，范旭东以“书生”办化学工业救国，这是对湘商文化精神的继承与发展。照观历史，范旭东的“书生”有两个意思，一个是理想主义者，不会屈服于现实；另一个是分外的，这是报国心切的表现，充分开显了范旭东的爱国主义的情怀。

7 个个都要有伊尹之志，为公众负起责任。（1944年9月30日—10月10日《久大第一个三十年》）

《久大第一个三十年》是范旭东在1944年久大30周年纪念会上的演说词。范旭东在演说中提出了“个个都要有伊尹之志”“为公众负起责任”。此举表明范旭东继承了由周敦颐、王船山创造的湖湘文化精神。周敦颐《通书·志第十》云：“志伊尹之所志，学颜子之所学，过则圣，及则贤，不及则亦不失于令名。”王船山《思问录·内篇》云：“志伊尹之志，学颜子之学，善用其天德矣。”

伊尹是一个什么样的人呢？传说是商朝开国功臣，“伊尹耻其君不为尧、舜，一夫不得其所，若挞于市”。也就是说，伊尹“事天”，忠于天道，黄中立法，捍卫正义，自主力行，勇于担当使命与责任。他要让人人各得其所，各尽其分。如果君王不得其所，他会勇于纠正君王；如果是其他人不得其所，他会帮助其他人得其所，否则如有在闹市上被人暴打的耻辱。伊尹见商王太甲不能“各尽其分”，“不明，暴虐，不遵汤法，乱德”（《史记·殷本纪》），于是伊尹将其流放于桐宫。三年之后，太甲忏悔自新，伊尹乃亲自迎接太甲，以使其尽分。

个个都要有伊尹之志，仁爱天下，自主力行，是范旭东的主张。担当责任，舍我其谁？范旭东“志伊尹之志”，要勇于“事天”，力行致用，重建乾坤，为世界立法。在传统文化语境中，不仅是自己要当伊尹，还要帮助他人当伊尹，并且要讨伐残暴，转恶为善，进德为伊尹。质言之，在一个团体之中，每个人都要有伊尹之志，才能维持团体的正义与秩序，否则会人人逃避责任，使得团体土崩瓦解。

这段话里面，范旭东还说到了“敦厚友于”，指的是在“永久黄”内部的“志伊尹之志”，相互帮助。永利公司在成功生产出纯碱之前，费时8年，濒临倒闭，主要是靠久大公司的资金援助。到了后来，久大公司遇到困难，永利公司又回头帮助久大公司。而黄海社一开始是靠久大公司、永利公司的资金援助得以良好运行的，到了后来，黄海社在科学研究、技术创新上又援助了久大、永利公司。相互帮助，使之各尽其分，这是“志伊尹之志”。

因此，在管理上，范旭东主张“首先我要做个样子”，“志伊尹之志”，要有大局（全局）意识。一方面要有制度建设，即有“有轨道可循”，“导之以规矩绳墨”，另一方面“潜移默化”。

8 中国如其没有一班人肯沉下心来，不趁热、不惮烦，不为当世功名富贵所惑，至心皈命为中国创造新的学术技术，中国决产不出新的生命来。（1942年8月10日《黄海二十周年纪念词》）

这是范旭东在1942年为纪念黄海化学工业研究社成立20周年写的祝贺词中的一句话。

面对日寇入侵，范旭东更加认识到了科学对于中国来说的重要性、迫切性，鼓励有志之士淡泊名利、忍受寂寞，不为虚荣所动，甘心坐冷板凳从事科学研究。范旭东曾写信给孙学悟说：“中国民族必得有班蠢伙子，行其所信，把风气转过来，才能真正得救。”（孙学悟《追念旭兄》）范旭东希望中国有一群“蠢伙子”，有湖南人“吃得苦，霸得蛮，耐得烦”的呆劲。他说：“中国广土众民，本不应患贫患弱，所以贫弱，完全由于不学，这几微的病根，最容易被人忽略，它却支配了中国的命运，可惜存亡分歧的关头，能够看得透澈的人，至今还是少数。中国如其没有一班人肯沉下心来，不趁热、不惮烦，不为当世功名富贵所惑，至心皈命为中国创造新的学术技术，中国决产不出新的生命来。”“蠢”，不会投机取巧，也不会逃避，更不会中途放弃，而是将“咬紧牙关”，“撑支到底”。范旭东早年受革命志士的影响，对曾国藩评价不高，到了后来办实业，才欣赏曾国藩的

“呆劲”。他说，曾国藩的“三本家书，一气看完了，给我一个深刻的感想，就是‘中国事难做’，但是‘事怕有心人’，曾在那难局，真亏他忍受，他那股呆劲，确有道理”。他又说：“我想，湘人今日的风气，恐怕受他的影响不少，以为如何？”陈独秀《欢迎湖南人底（的）精神》云：“湖南人底（的）精神是什么？‘若道中华国果亡，除是湖南人尽死’。……二百几十年前的王船山先生，是何等艰苦奋斗的学者！几十年前底（的）曾国藩、罗泽南等一班人，是何等‘扎硬寨’‘打死战’的书生！黄克强历尽艰难，带一旅湖南兵，在汉阳抵挡清军大队人马；蔡松坡带着病亲领子弹不足的两千云南兵，和十万袁军打死战；他们是何等坚忍不拔的军人！”“湖南人这种奋斗精神，现在哪里去了？”在范旭东创业救国的身上！

在范旭东所处的时代，我国科学、技术都落后，湖湘文化的“吃得苦，霸得蛮，耐得烦”的精神助益于他，扎扎实实地追赶、超越，而不是投机取巧，只求一时之效。霸蛮，就是又蠢又呆，既不投机取巧，也不中途放弃，“顽固不化”地坚持，总是干劲十足，勇猛精进。《孟子》里面提到过“勇”，是“虽千万人，吾往矣”！聪明，灵泛，投机取巧，往往是自我毁灭。蠢呆霸蛮，是千百年来人类不断试错的经验总结。《荀子·劝学》云：“无冥冥之志者，无昭昭之明；无惛惛之事者，无赫赫之功。”冥冥、惛惛，是昭昭、赫赫相对，即为逆的蠢呆霸蛮。

范旭东在这段话里还说："惟（唯）有邀集几个志同道合的关起门来，静悄悄的（地）自己去干，期以岁月，果能有些许成就，一切归之国家，决不自私。"范旭东说的话，是偏向于自律自力，对于少数有志之士而言，可以做得到，但是对于大多数人来说，需要他律他力。"孔雀东南飞"，人才会流向他力条件好的地方。对于一个国家来说，如果在国际上处于弱势，则难以留住人才，在科学上做出真正的成就的阻力比较大，需要涌现出无数个有大气魄的范旭东！这也体现了范旭东热爱这个国家、这个民族的高贵品格！

9 我们办实业的人，要具有世界的眼光和为人类服务的精神，我们为救国家的危亡而办实业，在环境许可之下，不问事业的大小，努力地往前干去。（1933年12月20日《办实业的目的是在革命——因硫酸铔厂喜报联想到救亡及为人类打算》）

这是范旭东在1933年发表在《海王》旬刊的一篇文章。显然，他是有感而发的。当时，西方帝国主义垄断科技专利，不顾我国的利益与尊严。

心怀全球之“大一”，眼光不局限于自身或自己的国家，为人类未来做打算，服务人类，造福世界，是范旭东以及其“永久黄”之追求。仁爱天下，兼济天地之所覆、日月之所照，是王船山“天下主义”的精神内涵。可见，范旭东继承了王船山“天下主义”的精神内涵。范旭东创办黄海化学工业研究社时，期望成为“永久黄”技术的神经中枢，进而为中国的技术神经中枢，再进而为世界的技术神经中枢。他也果真做到了这几点，其成立中国工业服务社时，已是中国的技术神经中枢；其研发出新式制碱法——侯氏制碱法，为南非、巴西、印度等国提供制碱技术援助，已是世界的技术神经中枢，故他说“世界有我们民族翱翔的余地”了。

范旭东是理想主义者，有仁爱天下之心，注重关爱弱势群体的尊严与权利，要改革社会，以道德建立乾坤，所谓经邦济世也，这是两千年来中国儒家的人文价值取向。这种思想写入了《礼记》的《大同篇》。人既是“神灵”，也是有局限的机器。理想，是无限智心的“神灵”；现实，是局限的机器。范旭东说，“人毕竟是人”，“既然是人，就应该有灵性、有骨头，顶天立地做人”。显然，西方商业的逻辑与全球世俗的逻辑是会取向“现实”。过去，欧洲知识分子谴责西方资本主义的血腥，即在于此。实际上，近现代的西方侵略中国，也是如此。创造出一种力量制衡“现实”，证成理想，这是第二次世界大战以来全人类的追求。如德国哈贝马斯的“市民社会”建构，即是如此。而中国早在先秦时期已有这种认知与建构，简而言之曰“仁”，相应的制度设计见诸《易经》《周礼》《左传》《尚书》《论语》《孟子》等典籍。可以说，仁爱天下、照见天心，是儒家的高贵品格。范旭东显然是继承了儒家的高贵品格，他志在造福全人类，而非谋求个人财富。范旭东说过许多体现这种精神追求的话语，例如：“在科学昌明交通发达之今日，任何事业，都带有国际性的趋势，凡办实业的人，其眼光不独只看到自身或者自己的国家，同时应该看到全世界，这便是说，无论举办某种事业，在为自己打算之外，更要为人类打算；这一点，是20世纪的新文明，也就是人类的新进步。”“那位革命的先觉，他只忧虑着中国工业的前途，以为‘亦恐徒劳’，而不明白应在这忧虑之中迎头赶去，以大无畏的精神为人类服务的道理。这并非陈义过高，我们生在今日，实在应有这种眼光，应具这种精神。”“我们办实业的人，要具有世界的眼光和为人类服务的精神，我们为救国家的危亡而办实业，在环境许可之下，不问事业的大小，努力地往前干去。”“永久黄”打破苏尔维集团的垄断后，将制碱法的技术公布出来，有力地推动了人类科技事业的进步。范旭东主张为人类做打算，“以大无畏的精神为人类服务”。范旭东说：“我们决不能今天受人欺压，骂人不仁不义；明天再去欺压别人，又被骂作不仁不义。”

人类只有一个地球，一个世界。2012年，党的十八大明确提出要倡导“人类命运共同体”意识，现在，一种以应对人类共同挑战为目标的全球价值观已开始形成，并逐步获得国际共识。

10 在复员开始的今天，敬请大家注意下面两句话：“打起精神做人，集中力量建国！”（1945年9月10日《谈复员》）

这是范旭东在1945年抗战胜利后号召永久黄团体成员建设国家的谈话。当年因为日本侵略中国的全面战争，我们今天难以设身处地地想象那个外敌入侵情况下的生活状况。西方帝国主义强大，而中国贫弱落后，只能硬着头皮抗战到底！范旭东建设国家的思想本之于王船山《黄书》，也符合工业革命以来形成的“民族主义”的大势。因此，他在《海王复刊词》提到了“御侮建国”。

中国自古以来就有夷夏之辨，尊王攘夷是自保的关键，因此王船山主张独立建国，抵御外侮。他在《黄书》中说：“故仁以自爱其类，义以自制其伦，强干自辅，所以凝黄中之氤氲也。今族类之不能自固，而何他仁义之云云也哉！”“述古继天而王者，本轩辕之治，建黄中，拒间气殊类之灾，扶长中夏以尽其材，治道该矣。”王船山的思想在清末、民国时期大兴，契合近现代独立建国、抵御外敌入侵的需求，对于近代民族主义思想的高涨起了十分重要的作用。杨昌济则在1914年船山学社成立之后的日记中指出：“学社以船山为名，即当讲船山之学。船山一生卓绝之处，在于主张民族主义，以汉族之受制于外来之民族为深耻极痛。此是船山之大节，吾辈所当知也。今者五族一家，船山所谓狭义之民族主义不复如前日之重要，然所谓外来民族如英、法、俄、德、美、日者，其压迫之甚非仅如汉族前日所经验，故吾辈不得以五族一家，遂无须乎民族主义也。……余前在日本东京高等师范学校听其西洋历史讲义，谓中国人与罗马人同，惟宝爱其文化，虽外人入主其国，苟不伤其文化，即亦安之。私心揣测，谓日人不怀好意，颇有继满洲人入主中国之思想，此吾国人所当深念也。”范旭东虽然留学日本，但是并不亲日，而是坚守中华民族爱国主义，以振兴中华民族、复兴中华文化为大志。范旭东将自己的企业命名为“永久黄”，应当来源于王船山《黄书》的“黄中立法”思想。

1940年10月31日，范旭东发表《远征》一文说：“我常想这世纪中国民族的进展，不能说派留学生无功，一方面闹得国是像今日这样五颜六色，这个政策也绝对不能辞其责；留美的是美，留欧的是欧，留日俄的是日俄，只可怜中国，无形中变了欧美日俄的势力苗圃，这所为那条！”以本国、本民族的发展为本，永远不能忘记这一要点！因留学某国，投射情感于某国是十分正常的心理反应，但是以某国为是，以中国为非，这是情感祸害理性，不是爱国，是害己害国。

不管是古代，还是现在、未来，始终有族群、国家之别。国家独立自主，弘扬爱国主义，是应有之义。如何独立自主，范旭东认为要靠科学救国、工业救国，在经济实力上与外国达成均衡，这样外敌就不敢入侵了。不管如何，人人都像范旭东一样“打起精神做人，集中力量建国”，中华民族伟大复兴则指日可待！

11 我辈书生，在社会上没有凭藉，所恃的仅仅一股热忱和粗浅的薄技，以孤臣孽子的心情，应付创业过程中一切一切的遭遇。（1936年《一个过来人所述的永利化学工业公司事迹》）

1936年，范旭东在《民营经济建设事业丛刊》上介绍永利化学公司的事迹，写下《一个过来人所述的永利化学工业公司事迹》一文。范旭东在此文中提及自己的“孤臣孽子”身份。

“孤臣孽子”，语出《孟子》。《孟子·尽心上》云：“人之有德慧术知者。恒存乎疢疾。独孤臣孽子，其操心也危，其虑患也深，故达。”这也说明范先生既是继承了儒家文化传统，也是继承了湖湘文化精神。当时的人，不知道“科学”，不是走官场道路，就是跟风低科技门槛的热门行业、产品；不是佩服于西方器物，就是自甘堕落、不思进取，而范旭东的远见卓识、行为不为时人认同，可谓是“疯子”。他谓孙学悟是“守寡”，谓侯德榜是“寡妇”，谓《海王》“黄海社”是“孤儿”，用意也颇深。范旭东说：“黄海是一个孤儿，大家应当拿守孤的心情来抚育他，孩子将来有好处，那将是国家之福。”从“势”来说，孤臣孽子是“逆”的，不是“顺”的，难以得到他人的帮助。在正常情况下，如果孤臣孽子想要获得援助的话，全靠有觉悟的少数人内心激发出来的“扶危持倾”的道义情怀。从心理学上讲，一个社会总是会有少数人会激发出道义，主要在于一个人的心性强度，有勇气做到“虽千万人吾往矣”。

冒险，是孤臣孽子的逆势之行，也即范旭东说的“逆着一般人的视线开出路”。永利公司从投资到生产出纯碱历时8年，期间遭遇了无数次的失败，负债累累，过年时范旭东也要离家躲债，而投资人担心血本无归，多次愤怒地吵着要撤换侯德榜，都被范旭东劝阻。侯德榜听到情况后，十分感激地说：“范先生遇到的困难远胜我十倍，但他总是一意为我解脱，至诚相待。这种相濡以沫的精神，是我一辈子也不敢忘怀的。今日只有一意死拼，谋求技术问题的解决，以报范公之诚。”有一次，永利公司石灰窑发生故障，生产停顿，侯德榜由于急于解决问题，不听劝阻，一定要工人用绳索把他吊下窑去察看，因缺氧窒息昏倒了。也幸有侯德榜等技术人员的努力，永利公司战胜了英国卜内门的技术封锁，成功生产出“红三角”牌纯碱，并使得其畅销国内外。

我们必须要敬佩范旭东以及其追随者们的爱国主义精神！他们知道当时的社会各界大都不懂得“科学”“技术创新”的意义，在时俗的趋势下追求利益最大化，不支持自己，但是他们无怨无尤，以“孤臣孽子”之心办企业、搞科学研究，对国家对民族负责，人格何其伟大！

改革开放以来，国家重视科学研究、技术

创新，在各个领域内取得了翻天覆地的伟大成就。可以说，现在的企业家们所处的创业环境和国家的扶持力度，比范旭东那时幸运多了。

12 近几十年，中国先觉也曾极力提倡学会。……谭唐两位，先后殉国，求仁得仁，壮烈千古。（1943年5月30日《人毕竟是人——范旭东先生在新塘沽学社成立会演词》）

这是范旭东在1943年新塘沽学社成立大会上的演说词。他在分析学会对于科学、社会的影响之后，回忆其戊戌维新运动时期湖南人创办“南学会”的情形。当时的湖南人“为国为民”，又团结了一大批人才，使得湖南在全国维新运动之中最为有朝气。

“新塘沽”今貌

鸦片战争对当时的中国影响很大，但甲午战争的惨败巨更加刺痛了中国人，引发全国震惊。一个一直是向中国学习的小国，竟然在学习西方不到几十年时间后就打败了中国，这是无比的耻辱。一时，全国上下的爱国志士放下“身份”，纷纷组建团体投身维新运动之中，以求振兴中国，抵御外敌侮辱。

尤其是日本自明治维新到侵略我国这段时间中，日本科技、文化、社会、军事的进步，不仅始终受中国人高度关注，而且时时刺痛爱国者的家国情怀。各行业的人纷纷行动，企业界更是积极努力，奋起直追。

范旭东在新塘沽学社成立会上还提到了西方的科技团体对社会进步的促进作用，如英国皇家学会、“月明学社”（今译为月光社，是工业革命的策源），有点类似于中国古代的书院团体，是改良社会风气的中流砥柱、发动机。现代企业是一种商业团体，其组织效能明显高于传统的商业团体。在近现代，不少知识分子认为中华文化在两方面不敌西方，一是科学技术，二是团体组织。范旭东曾提及“股份公司”在募集资本方面明显优于中国传统的商业组织。

范旭东认为，智识分子的作用重大，是改变社会风习的中流砥柱，国家兴亡之所由，因此其负有神圣的使命与责任，“我总觉得中国受病已久，它的存亡关键，决不在敌国外患的有无，完全是握在全国智识分子手里，智识分子教它兴就兴，教它亡就亡！”反思产生于中国宋朝的新儒学运动与欧洲的工业革命、启蒙运动，确实是从少数智识分子开始，再慢慢扩散到广大人民群众中去的。范旭东也以此自勉，承担其振兴中国的使命与责任，并且一生力行之，也取得了巨大的成就。

真正为国为民，是组建以科学为本的各种团体，探索发展的更多要素，提供更多的发展机会，担当起智识分子的责任！这应当是范旭东的心愿。

13 诸位，我要请让我多说几句狂话，“人毕竟是人”不是这样看的，既然是人，就应该有灵性、有骨头，顶天立地做人。（1943年5月30日《人毕竟是人——范旭东先生在新塘沽学社成立会演词》）

这是范旭东在1943年新塘沽学社成立大会上的演说词。他主张人是有“灵”的，因此有骨气，能顶天立地做人。“独立根性”是湖湘文化的特色。周敦颐、王船山都认为人是有“灵”的，也即“独立根性”。范旭东的好朋友杨毓麟在《新湖南》发文说：“且我湖南有特别独立之根性。……至于直接船山之精神者，尤莫如谭嗣同，无所依傍，浩然独往，不知宇宙之圻埒，何论世法！其爱同胞而甚仇虐，时时迸发于脑筋而不能自已，是何也？曰：独立之根性使然也。”杨毓麟认为，屈原、周敦颐、王船山、魏源、郭嵩焘、谭嗣同等人身上有“独立根性”。

周敦颐、王船山说人人皆有“灵”，杨毓麟《新湖南》表彰“独立根性”，范旭东但倡扬“既然是人，就应该有灵性、有骨头，顶天立地做人”，前后心心相印。纵观古今中外，应当说人既是“神灵”，也是有局限的机器。理想，是无限智心的“神灵”；现实，是局限的机器。惟（唯）有“圆转”（成均），召唤人的“神灵”，让人呈现最大潜能。范旭东是有爱意的，具有“圆转”的大智慧。

可见，范旭东爱人，懂得救赎之道，一般采用引导的方法，善于激发人的内在动力，让人赎回本来属于自己的而被“没收”的能力，而不是抛弃自己。他“对于厂里其他的首脑人物，一般是赞美的时候多”（许滕八《我印象中的李烛尘先生》）。再看看范旭东发表在《海王》上的文章与写给同人们的书信，激励人心的方式偏多。“既然是人，就应该有灵性、有骨头，顶天立地做人”，在困难面前，“要各人内心不起变化”，“因为任何外患，没有压倒过我们”。他鼓励大家有“向上向善”的“圆转”大智慧，要提高自身修养，克制自己的情感，在家庭上要晓得以此促进和谐，在团体生活上要促进企业发展：“家室应当和谐，不该反而受累；心头上的喜怒哀乐，应该随时节制，练习它有常；生理和习性上的短长，应该加倍在修养上下功夫，叫它去短取长；团体生活应该有公是公非、公得公失，饶恕自己，便是害了自己，残贼自己的莫过于自己，我们需要警惕，还要与团体互相砥砺。”

可知，范旭东认为，让人成为人，干出一番事业，。这个是根本。这与我们所说的“以人为本”是一致的。

14 以中国人的严明气力，如其肯接近大自然，那茫无边际的世界，尽有发挥每个人贪心的余地，绝对有益人群，用不着敲骨吸髓来盘剥同胞。（1938年7月7日—1939年11月20日《闲穷究》）

这段话是范旭东对王船山反思理欲关系的继承，要转贪为善。我们可以用中性词“无限欲求”来描述“贪欲”，“无限欲求”上升为“无限智心”（仁爱），一则是促进财富创造，一则是促进社会制度进步。科学，是满足“无限欲求”，可以为人类探索无限发展的要素，提供无限发展的机会，但是需要“无限智心”来驾驭。

王船山认为，可增强欲望以促进财富增长，而寡欲者，寡情薄理，不足以担当大任。王船山《诗广传》卷二云：“吾惧夫薄于欲者之亦薄于理，薄于以身受天下之薄于以身任天下也。”范旭东也认识到了欲望的合理性价值，倡导世人转“贪”为善，“贪”于科学研究，“贪”于工业救国。人之社会驯习，会使人不断增强欲望，并产生“无限欲求”，追求“可久可大”，以至于“万岁”。“万岁”，其本意是“永恒存在”，故“贪”乃人之常情。周朝青铜器上有“子子孙孙永宝用”，自古以来，全人类都尊重这种人之常情。转贪为善，这是圆转的大智慧，也是千百年来人类不断试错的经验总结。大禹治水，将贪欲导之于正确的轨道，可有益于社会。古代，科技不发达，“贪欲”往往造成社会灾难；到了现代，科技发达，人可以将“贪欲”导入无主时空，并无限扩张，创造新事物，增益社会福祉。

“不朽”，作为普遍性的“无限欲求”，是每个人向上向善的无限动力。儒家讲的“三不朽”，是立功、立德、立言。古代的书法家还说，立艺也可以“不朽”。质言之，任何人都追求“不朽”，也可能实现“不朽”。贵州福泉县的葛镜桥，与赵州桥齐名，乃是明末葛镜以个人之力花了40年捐资修建的一座桥梁，至今400余年了。当时的人，以葛镜的名字命名这座桥梁，以为表彰其服务社会的义举，而葛镜也因此而“不朽”。葛镜之事，让世人点燃了奋斗的无限激情！因此，任何人只要追求“不朽”，希望事业“可久可大”，开启无限智心，就不会自暴自弃，放纵肉欲，而是拥有无限动力，以苦为乐，愈苦愈勇，孳孳不倦。范旭东以“永久黄”命名其团体，其义也在此。

但千百年来，成功驾驭“贪欲”，自由自在，这永远只是少数人的殊胜。虽然科技帮助人类满足了一些“贪欲”，但大多数人驾驭“贪欲”的自身能力没什么长进，积累的驾驭“贪欲”的经验也不足。人无法克治自己的“贪欲”，失败之后又忏悔，忏悔之后又充满“贪欲”，随后又驾驭失败，循环往复。质言之，驾驭“贪欲”失败，不能怪罪“贪欲”，而是要思考提高自身的驾驭能力。

15 第一是吃苦，只有苦干才能得到成绩，有了成绩我们才有信用；第二是清廉，为人能清廉，极易博得他人的敬仰，做事亦易推行，任何事情我们能做到清廉两字，就是事业失败，尚可得人谅解，得人同情。（1918年范旭东与陈调甫语）

1918年，陈调甫去美国留学、考察制碱业，在动身之前，范旭东对陈调甫说了这番话，勉励陈调甫要有“吃苦”和“清廉”两种品德。可谓是继承了湖湘文化“吃得苦，霸得蛮，耐得烦”与周敦颐《爱莲说》推崇的优良品格。王船山曾说，圣人从“大段辛苦来”。吃苦、苦斗，是范旭东常提及的词语。如“中国本是工业落后的国家，将来中国任何一业，欲其独立，必得经过一次或数次之苦斗”，“假如没有苦斗的精神与毅力，失败准在目前，这是经验告诉我们，不是危言耸听”，“不忘当日缔造塘沽之苦斗精神”。

筚路蓝缕修建永利川厂

乐，是全人类所向往的。苦，虽然为大多数人所厌恶，但是其积极价值不容抹杀。好逸恶劳，避苦趋乐，是人的顺向习性。然而，一个人只有逆向而行，吃得苦，才能增益其能。一般认为，人类来到这个世界，不是来享乐的，是来吃“苦”的，而一个人的成就之高低、智慧之大小，视吃“苦”之多少而定。“吃得苦，霸得蛮，耐得烦”，是湖南人的生活态度。霸蛮，是一股百折不回的干劲，有勇往直前的毅力。耐烦，不厌倦，不怕烦琐，甘于平淡无奇，有耐心。朱熹指责陆九渊有“禅学意思”，就是指人的习性总是不愿吃苦，不能霸蛮，不耐烦，投机取巧，贪求效率。降低成本，提高效率，使得人们总是盲目追求效率最大化。真正提高效率需要长期的涵养，慢工出细活，而世人总是追求个体的、短期的效率最大化，希望“又快又好”，结果适得其反。范旭东强调吃苦、苦斗、毅力，是追求整体的、长期的效率最大化。陈调甫1917年拜访张謇，劝其利用苏北的盐办厂制碱，张謇对此未置可否，但说：“要举办大事业，必须痛下决心，准备吃苦。”范旭东曾对孙学悟说：“安乐是亡国的病根。”享乐，幻想极乐，是人放弃自我救赎，自甘堕落，终将走向自我毁灭。我们要有“圆转”（成均）的大智慧，以苦为乐，由苦生爱。

古人已认识到，“苦”磨砺心志，是动力之源。无苦之阻力，何来动力？对于“强”人而言，越苦越有动力；并且，能以苦发仁爱之心，要慈悲救世。朱子临终前，有弟子来看望他，问为学之方，朱子说，“诸生远来，然道理只是恁地，但大家倡率做些坚苦工夫，须牢固着脚力，方有进步处”。下“坚苦工夫”，是指心志坚定，刻苦从事。“牢固着脚力”，要有永久旺盛的动力。儒家看来，人内在的动力是“心”，外在的动力是“天”，而永恒的动力是“天、心合一”。

当然，“苦”与“乐”的关系复杂，在相互性之中呈现，需要有大智慧方可处理好二者。纵观古今中外大多数人，无不尊重“乐”的价值，吃苦只是少数领袖。吃苦、享乐，都有成瘾性、依赖性，而古人总是强调吃苦，大概是享乐而自毁的案例触目可见。吃苦的能力，与一个人的修持有关，超出其承受能力，也不能再吃苦了。修持偏低的人，亦不得不以“乐”调节之。一个团体一味强调吃苦，如墨子一样“非乐”，只会分崩离析，自取灭亡。同样，一个团体不强调吃苦，允许放纵于“乐”，也是自毁。因此，如何让一个团体长期吃苦，干出一番成就，是一个领导艺术的问题。范旭东鼓励人自觉找到人生的乐趣，并将“工作”视为“神圣工作”，“乐在其中”。李烛尘在《技术员在管理上之重要性》一文提及了“引起兴趣”，不引起兴趣，何来乐趣？没有乐趣，枯燥的工作会让人产生厌恶感。

16 我们是只知耕耘，不问收获。（1934年9月20日《为征集团体信条请同人发言》）

这是范旭东在1934年征集“永久黄”信条时提及的一条信念。这句话源自于曾国藩的“不为圣贤，便为禽兽；不问收获，但问耕耘”。这句话体现出了湖湘文化的一种高贵品格和尊重客观规律的科学精神。耕耘，未必有收获；不耕耘，一定没有收获。如科学试验，未必有成果，但是必须要努力去干。

范旭东为征集“永久黄”信条，还列举了科学精神、服务精神、爱国主义、牺牲精神、经世致用精神等内容。到后来，他又总结为四大信条。这些可判断为范旭东对湖湘文化、湘商文化精神之继承与发展。

湘商文化精神可以溯源到传说中远古的舜帝、神农氏等人物，自明清以来大放光彩，书写了可歌可泣的辉煌篇章。王船山推崇科学技术，重视商业，建构了仁本体经济哲学，并在《黄书》里面说：“大贾富民，国之司命也。”近现代湘商领袖竞相读王船山的书，建构湘商文化的合理合法的依据，创造了湘商文化新传统。因此，近年来王船山被追认为湘商文化始祖，“道化湘商，船山是始祖；文宣宪义，我辈开新基”。

观照历史，湘商有着开拓发展的创新、冒险

精神，追求科学，重视民生，主张经世致用，服务社会之特点；他们心忧天下、坚持道义、爱国爱民，热心公益、慈善事业以承担社会责任。

譬如说朱紫桂反击西方帝国主义经济掠夺，捍卫中国茶商利益。

龙璋、禹之谟、梁焕奎等人支持辛亥革命，禹之谟因参加革命而牺牲了，龙璋为辛亥革命捐款多达30多万银元，梁焕奎热心社会公益和启蒙救亡，发起创办湖南图书馆，并带头捐款。

朱昌琳十分热心于地方公益事业，置义山、修道路、办义学、施棺木等，颇多善举。他曾拿出田租数千石，在长沙县四乡举办保节堂、育婴局、施药局、麻痘局，于省城育婴堂等也都捐有巨款。长沙城东北郊有浏阳河渡口，曰黑石渡。朱家特设置三艘渡船，雇专人司渡，以方便往来行人。即使在安徽南陵的朱家田庄，朱昌琳也要每年从田租中拿出三千石稻谷，捐给当地办教育和其他慈善事业。朱昌琳的慷慨捐资、乐善好施，在当时产生了很大影响。

范旭东在7岁时父亲去世，次年随母来长沙保节堂生活，应当说受到了朱昌琳的影响。范旭东14岁开始熟读王船山的书，应当是受王船山《黄书》“建黄中”的影响，将其事业团体命名为“永久黄”，立下“永久黄”四大信条，即是王船山的真精神。范旭东将个人酬劳捐建黄海化学工业研究社，在北京大学、南开大学等捐款设立奖学金，呈现了其慈善精神。范旭东爱国爱民，心忧天下，主张科学救国、工业救国，捍卫民族利益，反抗西方经济、科技封锁和侵略，创办“永久黄”，追求以工业为基建立现代国家。在抗日战争时期，拒绝与日本人合作，将“永久黄”内迁四川。这些都是传统的湘商文化精神之开显。

范旭东祖籍湖南湘阴，8岁后随母在长沙生活，将其定位为湘商领袖是合宜的。然而，范旭东既是一位继承了中华文化的圣贤，又是一位精通团体建设的企业家，更是一位了解西方的科学家，将其定位为一位代表中华或东方与西方竞争话语权的世界一流企业家，更为恰当。这样一来，湘商文化也凸显出了更高更远的崇高品格，不只是立足湖南，更是立足中国，立足世界。

17 窃维中国工业建设，近年甫发萌芽，穷极之变，至堪珍贵，亟宜集社会各方力量相互提携，促其健全发达，以改造中国国民经济之基础。（1935年6月3日《为创办中国工业服务社呈实业部文》）

这是范旭东在1935年创办中国工业服务社时说的一段话，文中认为中国企业家要有“大人”精神，相互提携，也就是说，相保相生，共同应对西方帝国主义的科技封锁、经济侵略。

范旭东常引用先儒周敦颐、王船山讲的“志伊尹之志”，并以此为人生乐趣，用时尚的话来表述，即我是伊尹，我是世界的主人，我是大人，我是黄中，我是天心，要自爱爱人，要立法，要创造，要承担其应有的责任，让万类各尽其分。“大人”之所以为“大人”，儒家公羊学之“中国”之所以为“中国”，是有继天立法的涵养，“存人道以配天地，保天心以立人极”（王船山语）。范旭东是“大人”，“志伊尹之志”，“不问事业的大小”，是要救中国的。

“九一八”事变以后，永利公司销往中国东北，日本的纯碱受阻，而产量在1932年又急剧增长，使得各地存货日积。怎么办？回访永利公司的用户，把握市场变化。在此过程中，一是发现了永利公司的纯碱缺陷，改进了自身技术，提高产品质量，满足用户的需求；二是帮助用户企业改进技术，提高效率，又实现了互利互惠的技术、产品输出。

受此启发，1935年，范旭东创办中国工业服务社，并计划以此成立“全国工商业大联盟”。范旭东说，“负起兴民族大任”，扩散科技以援助中国弱势企业，“我们量力帮助他使他前进”，以“服务精神”“救人民，救社会，救国家，同时就是救自己”。这是公羊学之“中国”“尊王攘夷”之道，是“大人”精神。成立“全国工商业大联盟”，“尊王进夷”，相互提携，互助互利，促进中华商圈崛起，突破西方的围猎而与西方平等，证成全人类和谐共处，是当“大人”。可惜，抗战全面爆发后，“全国工商业大联盟”无从下手，而抗战胜利后，范旭东又英年早逝了。

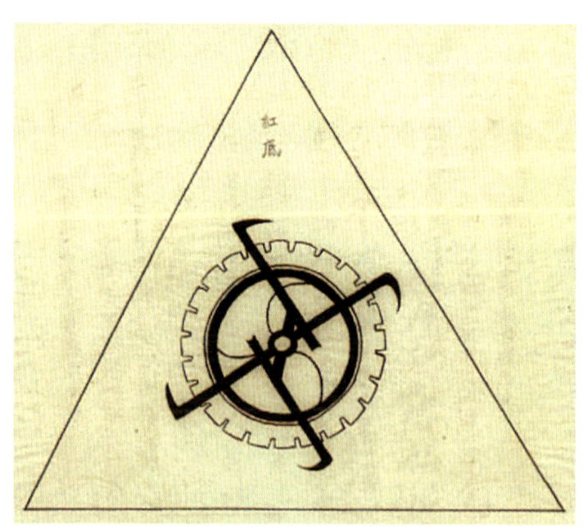

中国工业服务社标识

在日常生活之中，强势受效率驱使，产生自然心理反应，譬如鄙视、嫌弃、歧视弱势。只有“大人”具备“强”的恻隐之心（同情心）能“反”之，“克己复礼归仁”，同情弱势，帮助弱势，“尊王进夷”。

中华文化倡扬“大人”的仁爱精神，走道德化的进路，几千年来一直主张“尊王进夷”，尊重他者的尊严（自尊）。

质言之，“尊王进夷”是指强势扶助弱势，壮大弱势，弱势强大之后，会增加对强势的互利，从而提高社会整体、长期效率。也果然，“中国工业服务社”输出了技术，帮助中国弱势企业发展，其又反过来购买技术、产品，壮大了“永久黄”，利他又利己。如果让弱势更弱，强势也无法生存下去，弱势、强势相互毁灭，同归于尽，爆发经济危机、社会危机。

因此说，范旭东讲的相互提携，是有科学道理的。实际上，在《易经》《周礼》里面，用“相保”或“互保”表述相互提携。在范旭东时代，中国人确实需要相互保护，共同一致应对以侵华日军为代表的外国势力。

18 习劳。（1934年摄像题词）

“习劳”是1934年范旭东为自己在天津住处从事体力劳动时所摄像的题词。王船山说：“盖八音之有响，虽天地之产，使有可以得声之材，而成其音也必由人制。”人制，即劳动。王船山反对好逸恶劳，“有目力而以察恶色，有耳力而以审恶声，有可习劳茹苦之力，却如懒妇鱼油灯，只照博弈，不照机杼”，“禹乘治水之功，因天下之动而劳之，以是声教暨四海，此圣人善因人以成天也”。而曾国藩遗训有四条：慎独则心安，主敬则身强，求仁则人悦，习劳则神钦。

范旭东早年受革命思潮影响，曾忽视曾国藩思想，后来从妻子那里读到了曾国藩的家书，认为对于经营企业有帮助，于是改变了态度。

好逸恶劳，懒惰，是人的社会习性。然而，不劳动，没有收获，因此中华传统文化总是赞美勤劳勇敢的美德。

古代长期歧视体力劳动。范旭东多次谈到古代不重视“百工技艺”，“百工技艺在中国本来没有地位，文人政客一向瞧不上眼。”

勤奋劳动，自有所获，这是自古以来的共识。如今，体力劳动者也获得了尊严。“习劳”已被各界接受了，并且成为了工作伦理的共识。

对于修身养性而言，“习劳”，不只是体力

劳动，还要有脑力劳动，二者兼顾，不可偏失。范旭东长期从事脑力劳动，再在闲暇之余从事体力劳动，是适宜的。正如当今社会，每天坐办公室的人，闲暇之余去健身房锻炼身体，算是变相的体力劳动。

范旭东年表

1883年 1岁

光绪九年九月二十四日（1883年10月24日）辰时，范旭东出生。据光绪三十二年（1906）修《湘阴范氏家谱》，范旭东祖籍湖南湘阴。谱名范源让，字明俊。目前史料，一说出生于湘阴，一说出生于长沙。其母范太夫人，出自长沙西乡白泉谢氏。有4兄长范源濂，字静生。姐幼名二姑（未婚而卒）。

范旭东属于“湘阴长乐范氏”。据湖南图书馆族谱史料，湘阴长乐范氏，始祖直谅公，宋代范仲淹之曾孙，自姑苏宦游来湘，卒于湘阴，葬衡山。又六世至先辉公徙居辰州，其子训清于元初至元十年（1274）始来长沙，卜居湘春门外开福寺黑水塘壕上邓家神一带。谱尊训清为一世。四世兴旺公，明洪武十一年（1378）迁居湘阴一都长乐，生三子：添锡、添青、添佑。清康熙五十八年（1719）六、九、十甲合修族谱，道光五年（1825）六甲续修。嘉庆二十一年（1816）建长沙、湘潭、湘阴三邑总祠于省垣北关。

1889年 7岁

自幼随其父范琛读书。

是年，其父范琛去世，家境一落千丈。幸得姑母资助，范旭东得以入私塾读书。

1890年 8岁

随母迁居长沙保节堂。此保节堂曾得到王船山先生的信徒、湘商领袖朱昌琳捐助。

范太夫人、范源濂以做苦力维持生计。

1892年 10岁

范源濂教私塾，家境略微转好，范旭东可以继续读私塾。

1894年 12岁

中日甲午战争爆发。

湖南巡抚吴大澂率湘军出关抗日。

范旭东在长沙北乡捞刀河吴镜蓉馆中学做八股试帖。

1895年 13岁

2月，吴大澂率湘军一战大败，举国震惊，深感奇耻大辱。

4月，中日签订《马关条约》。

吴大澂为洗刷国耻，创办求贤书院，培植人才。

范旭东常到求贤书院阅读报纸，谈论时事。

1897年 15岁

长沙创办时务学堂，范源濂被录取。谭嗣同、唐才常、梁启超等是教师，而谭嗣同、唐才常言必王船山。范旭东曾去听讲，因范源濂而接触到了王船山思想。

1898年 16岁

戊戌变法失败后，时务学堂停办。范源濂流亡。

1899年 17岁

范源濂流亡上海，与蔡锷、唐才常一起考入南洋公学。后经梁启超函约，东渡日本求学。

范源濂出走后，官府暗探时常骚扰范家，范旭东不能在家安居，于是再入吴镜蓉馆攻读古文，并习雕刻、绘画。

1900年 18岁

范源濂潜回国内，参加唐才常领导的自立军起义的谋划工作。范旭东亦做了秘密联络工作。不久，事泄失败。范旭东随范源濂藏于客轮舱底，转渡日本。此时，他改名范锐，字旭东。

1901年 19岁

范旭东考入日本清华学校。

1902年 20岁

湖南留日学生杨毓麟、黄兴等人创办《游学译编》月刊，范旭东参与编辑地理一栏。

1903年 21岁

范旭东为寻求救国之道，走访大阪、熊本、神户、横滨、西冈、冈山等都市乡镇。

1905年 23岁

范旭东从日本和歌山中学毕业。考入冈山高等学堂（大学预科）。当时范旭东秘密学习制造炸药，冈山高等学堂校长酒井佐保对范旭东哈哈大笑道："俟君学成，中国早亡矣！"报国心切的范旭东义愤至极，决意走工业救国、科学救国之路！

9月5日，日本在中国东北打败沙俄，双方签订《朴茨茅斯条约》，擅自对中国东北划分"势力范围"。这一奇耻大辱的消息传来，让范旭东更加愤慨，他在自己的相片上题词说："我愿从今以后，寡言力行，摄像做立誓之证。"又加旁注："时方中原不靖，安危一发，有感而记此，男儿，男儿，其勿忘之。"

1908年 26岁

范旭东考入日本京都帝国大学化学科。

1910年 28岁

范旭东在日本京都帝国大学毕业，留校担任专科助教。

同年，范源濂介绍长沙许馥与范旭东相识，不久二人结婚。许馥出自书香世家，家在长沙东茅街，与妹妹许壁、堂母许黄萱祐留学日本。祖父做过广州知府，父亲当过南海知县。许壁嫁给著名实业家章克恭，哥哥许推也留学日本习建筑，而许黄萱祐毁家兴学，为国育才，是隐储学校的创始人。

1911年 29岁

辛亥革命爆发，范旭东携妻许馥回国。

1912年 30岁

在北洋政府财政部就职，月薪300银元。

1913年 31岁

赴欧洲考察盐务。

计划留德深造。

1914年 32岁

因急令回国办新式盐厂，自欧洲回到上海，途经新加坡时，曾独自去爪哇参观海盐压砖技术。

2月，熊希龄辞去内阁总理兼财政总长职务。继任者不理睬办新式盐厂之事。

3月，梁启超任币制局总裁。范旭东在币制局做调查。

夏秋之间，辞职。

9月，在塘沽制盐实验成功。

创办久大精盐公司。

1915年 33岁

4月，久大召开临时股东大会，景本白当选董事长，范旭东当选为总经理。

久大工厂初具规模。

1916年 34岁

梁启超出任北洋政府财政总长和盐务署督办，为久大精盐进入长江流域提供了便利。久大精盐的销售范围扩展到淮南四岸。

10月1日，久大公司扩股增资。

11月，经张謇、潘子欣介绍，吴次伯、陈调甫、王小徐拜访范旭东，在天津塘沽商讨合作创办碱厂。

1917年 35岁

4月，久大公司扩股增资。

10月，在天津创办永利制碱公司。

11月，久大第二工厂落成。

1918年 36岁

4月，久大公司扩股增资。

8月，李烛尘经景本白介绍与范旭东结识，并加入久大公司。

12月，久大公司加建第三、第四工厂，并再次扩股增资。

是年牵头在武汉成立汉口精盐公会，开拓湖南、湖北盐业市场。

永利派陈调甫赴美国洽请美国顾问工程师进行碱厂设计，委托纽约华昌公司李国钦代为介绍并代购机器。

1919年 37岁

久大公司扩股增资。拟在营口设立分厂，运销东三省东满站一带。盐务署再次核准增产15万担，至此已达30万担。

3月，陈调甫委托自称有制碱经验的法国工程师杜瓦尔设计碱厂。侯德榜、李得庸等留美学生利用假期参与设计。

1920年 38岁

改请曾在马叙逊碱业公司担任厂长的美国工程师孟德设计碱厂方案。

牵头成立九江精盐公会。

永利公司成立总经理处，董事会推选范旭东为总经理。

永利碱厂开始进行土木建设。

建铁工厂。

久大、永利联合兴建职工单身宿舍，起名为工人室。

创办永久医院，职工免费医疗。

1921年 39岁

3月27日，永利、久大联合创办工人读书班。

久大公司再次扩股增资，资本总额已达170万元。12月，盐务署再次核准增产2万担。

久大公司第五、第六工厂在冬初建成。

永利在美国购买设备先后安装。自造设备由上海大效铁工厂承造，逐渐运到。

永利碱厂基建工程接近完工。

1922年 40岁

侯德榜应范旭东之聘，自美国回国担任永利碱厂技师长。

永利公司聘请美国工程师李佐华指导碱厂设备安装工作。

8月，由范旭东捐款10万元创办的黄海化学工业研究社正式成立，美国哈佛大学化学博士孙学悟担任社长，张子丰担任副社长。

久大公司发展副产品，扩充嗽口水、牙粉等制造。

永利碱厂安装完毕，准备进行试车。

1923年 41岁

永利碱厂单体试车失败，被迫停工，调整设备。

久大在天津法租界自置地基，兴工建屋。

北洋政府已收回日本在青岛的盐田。范旭东中标，与山东盐商组织永裕盐业公司，下设久大、裕大两工厂。9月，与盐务署签署协议。

1924年 42岁

7月，永裕公司成立。事后，接收青岛制盐及出口权利，计大小工厂19所，盐田6万亩。

8月13日，永利碱厂首次全厂开工试车制碱，生产线运转正常，实现了大规模制造纯碱的目标。但是产品低劣，呈暗红色，品质不合格。

秋，永利公司召开股东大会，宣布将永利发起人的酬劳全部捐给黄海社做科学研究之用。

久大公司扩股增资至210万元，盐务署再次核准增产16万担，至此产量已达48万担。

获准永利公司在国内行销豁免关税厘金。

获准工业用盐免税一年。

1925年 43岁

2月18日，久大、永利联合建立明星小学校，职工子弟免费上学。

3月，永利4台船式煅烧炉全部烧坏。派侯德榜赴美考察制碱技术，寻找永利失败原因。

8月8日，直隶督军李景林绑架范旭东，拘禁于“直隶兵灾善后清理处”，查抄“祸首股款”。9日，前总统黎元洪以股东身份慰问范旭东。10日，范旭东获释。累计报献1445500元。

永利碱厂出品质量逐渐好转，产量仍少。

永利碱厂实行8小时工作制。

1926年 44岁

久大公司获准增产12万担，至此产量已达60万担。

牵头在北京成立全国精盐总会。

6月29日，永利碱厂第二次全厂开车，成功生产出白色纯碱，日产36吨，命名为“红三角”纯碱。这是亚洲第一次生产出纯碱。

在营销方面，与英国卜内门公司竞争激烈，竞相降价销售。

英国卜内门派商业间谍刺探永利情报，永利余啸秋将其发展为反间谍。

久大开建工友住宅——南院。

1927年 45岁

全国精盐总会获准正式成立，会员13家，以“互助精神谋公共之利益”为宗旨。全权负责与政府交涉事宜，并协调各精盐公司内部关系，以同业合作推动精盐事业的共同繁荣。久大在全国精盐总会占主导地位。

2月28日，永利碱厂正式宣布8小时工作制。

永利公司委托日本三井株式会社负责永利“红三角”纯碱在日本销售，试销1年。

永利建造职工住宅——联合村。

1928年 46岁

范旭东创办海王社，发行《海王》旬刊。

永利碱厂日产纯碱已达42吨以上，事业情形好转，大家信心日益巩固。

“红三角”纯碱参加费城首届万国博览会，获金质奖章，被评价为“中国工业进步的象征”。

4月，成立静生生物调查所，由范旭东捐款，纪念其胞兄、教育家范静生。静生生物调查所是近代中国建立较早、最有成就的生物学研究机构之一，为中国科学院动物研究所和植物研究所的前身。

久大购买百亩产，修建工人宿舍。

中华教育文化基金委员会资助黄海社1万元左右。

永利、卜内门签署协议，卜内门在日本代销永利纯碱，为期3年。

1929年 47岁

2月1日，永利正式实行厂长每年轮换制。厂长由总经理指定技师长或事务长兼任，任期1年。

久大公司在南京设立办事处。

全国精盐总会在南京成立办事处。

久大公司进入上海酱油市场，在南京成立全华酱油公司。

永利公司扩股增资至200万元。

中华教育文化基金会保管由范旭东所递交的其母范太夫人所捐奖励生物学金1万元，用其利息作为奖金，在静生生物调查所和中国科学社生物所各设一名研究奖金，以奖励在中国生物科学事业上有突出成就者。范太夫人奖金，由范源濂、范旭东捐款纪念其母，“限于资助本社生物研究所之研究员，每年五百元”。何锡瑞、江发绩、张孟闻、王志稼、蔡希陶等人曾获此奖。

黄海社开始反思过去之成败，重新确定业务重点。

卜内门寻求与永利成立合资企业，而永利为解决资金困难问题愿意合作，但国民政府不批准，承诺加入官股。

1930年 48岁

1月，在上海成立全国精盐工厂联合办事处，统一发价、售价，禁止非法竞争。

范旭东拒绝加入官股，而官股一拖再拖，无法兑现，乃以公司全部财产担保，发行“永利债券”200万元。

“红三角”纯碱获得比利时工商国际博览会金奖。

1931年 49岁

黄海社更改方针，并成立菌学室，并开始出版各种调查研究报告。

永利派郭锡彤去美国研究。

永利委托英国卜内门在日本独家销售“红三角”纯碱，续约3年。

永利沽厂开始产制少量烧碱。

8月，久大、永利成立沪区联合办事处。

创办永久国术馆，聘请武术家教授武术。

俄碱输入东北三省，永利市场受到影响。

1932年 50岁

永利沽厂为添置烧碱厂屋等设备，7月借款30万元。8月，举行烧碱厂奠基典礼，兴建厂房。

黄海社成立董事会。

黄海社分别采用山东博山铝石页岩及平阳矾石继续研究铝化氧及钾肥，并采用海州硝灰石矿开始试制硝肥。

海王社迁至塘沽，阎幼甫任总编辑。

6月，久大、永利、黄海成立塘沽联合办事处，阎幼甫担任处长。

国民政府在南京与英德代表谈判合办氮气肥料工厂。

永利在港粤成立专区，在重庆长沙设立经理处，公司营业渐向南方发展，并开始渐次扩张到南洋。

永利在联合村左边增建工友住宅，形成太平村。

1933年 51岁

久大公司成立鼎昌盐号，取得旧盐商权利承销粗盐。

久大派人去日本考察，研究真空罐制盐法。

5月，拒绝当局在黄海社图书馆签订卖国条约《塘沽协定》的无耻要求。

永利派张佐汤赴美实习，7月下旬出洋。

国民政府与英德谈判失败，范旭东正式呈文创办硫酸铵厂，12月，获得准许。

明星小学与工人读书班合并。

侯德榜出版《制碱》（英文版），公布苏尔维制碱法，使之成为全人类的共同财富，被美国威尔逊教授评价为“中国化学家对世界文明所做出的最大贡献”。

1934年 52岁

俄碱大量输入中国南方，永利与英国卜内门协商合作。

4月10日，英国卜内门伦敦总部与苏俄签订国际市场销售分配条约，俄碱不得输入中国市场。

4月，永利制碱公司改组为永利化学工业公司，决定在江苏创办永利硫酸铵厂。

提前赎还1930年发行的“永利债券”。

在南京卖地筹建永利硫酸铵厂。

为建设硫酸铵厂，派侯德榜赴美进行设计购机，并派人去美国工厂实习。

黄海社派张子丰赴美研究。

永利委托英国卜内门在日本独家销售“红三角”纯碱，再续约3年。

创办永利碱厂特种艺徒班，培养技术人员。

9月20日，范旭东手订“永久黄”四大信条。

12月，永利与银行团签订抵押透支借款协定，总额550万元。

永利碱厂日产量已达103吨，色泽纯白。

永利又建职员住宅，取名新村。

1935年 53岁

在南京成立中国工业服务社，毛云五任社长。

永利硫酸铵厂设计完成，基建工程积极进行，侯德榜及其他工程师回国。

日本、美国的洋碱倾销中国市场，永利受损。

1936年 54岁

与龙潭中国水泥厂、上海商业银行在上海设立永新麻袋厂（抗日战争全面爆发后停办）。

久大公司在江苏大浦设立分厂。

久大公司更名为久大盐业股份有限公司，公司总部由天津迁往上海。

永利硫酸铵厂基本建设进行顺利，接近完工。

永利日产纯碱已达152吨，烧碱12.2吨。

5月，在北京大学设立助学金。

向张伯苓的重庆南渝中学建校捐款6000元。

与英国卜内门重启谈判，商讨配销合作。

1937年 55岁

2月，永利硫酸铵厂工程完工，开始生产。

规划财务，发行公司债券1500万元。

5月，与英国卜内门签订中国碱业市场配销协定，永利占55%，卜内门占45%，为期3年。

7月7日，卢沟桥事变。

拒绝英国卜内门将永利改为中英合办以免遭日本侵占的建议。

7月底，日本侵略者占领天津。8月，永利沽厂被日寇包围。12月，因拒绝与日本合作，永利沽厂被日寇侵占。永利、黄海社主要技术人员拆除关键仪表，整理上万张图纸，绕道香港带往武汉。

永利硫酸铵厂遭日寇飞机轰炸，12月南京失守，永利硫酸铵厂被日寇侵占。沦陷前，范旭东命令技术人员携带关键仪表、重要设备、图纸提前撤离。

久大津沽、大浦等处总分厂店，先后被日寇侵占。

海王社迁长沙。

1938年 56岁

各地同人自汉口迁入四川。创办永利川厂于五通桥，久大分厂于自流井，在重庆设立华西办事处。

春，黄海社部分迁入长沙水陆洲（橘子洲），部分迁入四川。

4月、6月两次领到补助金共140万元。

7月，黄海社部分机构在长沙水陆洲实验室新屋建成。后因战局不利，尤其是汉口沦陷，不得不放弃，迁往四川。

7月7日，《海王》在长沙复刊。范旭东撰写《复刊词》。10月，出满12期后再次停刊。因战局不利，迁往四川。

8月，天津永利总管处迁香港。

8月，派侯德榜等工程师赴德为永利设计新碱厂，后因有辱国权，放弃购买察安法专利，赴美。

9月18日，久大自流井模范盐厂举行开工典礼。

黄海社全部迁入五通桥。

乐山当时流行一种地方病，称“趴病”，也有方言说“粑病”，后来学术上定名为“嘉定痹病”。发病者意识清楚，但是四肢麻痹，浑身乏力，有的连话也说不出来，严重时会夺去生命。乐山嘉定仁济医院院长梁正伦最先注意到此病，并找到黄海社。黄海社试验分析为食盐中化学元素钡的含量超标。黄海社主动为生产川盐的盐厂加装了硫酸钠除钡的装置并改进了生产工艺。1939年1月梁正伦被调往重庆，担任重庆仁济医院院长。大多数史料说，黄海社迁入五通桥即分析当地食盐成分，解决了痹病问题。因此，将此事系年于1938年底。

1939年 57岁

2月，为牢记被日军占领中国化工发祥地塘沽之耻，范旭东将五通桥老龙坝改名为“新塘沽”。

3月，领到补助金160万元。

3月30日，海王社在乐山复刊。

侯德榜驻纽约，进行五通桥新厂设计并订购机器设备。

成立运输部，购买卡车20辆。另外在越南成立海防办事处，专司在美购买的器材转运四川。

敌机轰炸自流井，王树铭妻子怀孕6个月，在家中弹遇难，另外2名工人同时遇难。

12月，永利与中国、中央、交通、农民四家银行借款法币2000万元，其中850万元用于购买外国机器设备。

永利在四川重建工厂，宁、沽全体技术人员一律留用，无一人失业。

寿充一办《新西北月刊》，范旭东捐2万元，《大公报》捐1万元。

黄海社开始出版《黄海发酵与菌学》特辑（双月刊）。

黄海社开始接受中英庚子赔款董事会的资金补助。

1940年 58岁

8月，日军侵占越南海防港，永利由美购买的机器设备经此入内者损失惨重，改道缅甸运入，并成立仰光办事处专司其事。

陆续开办鼎锅山煤矿、玻璃厂、瓷器厂等十几个工厂。

10月，范旭东自香港赴美，途经菲律宾，12月7日达到美国波特兰。

侯德榜为南非考察碱厂办厂条件。

1941年 59岁

范旭东在美考察，督促订购之机器设备提前装运。1月归国。着手扩大运输部，加强运输力量，准备尽先运入，早日建成川厂。

1月20日，永利在杨柳湾举行深井开幕典礼。

新法制碱实验成功，3月16日，范旭东发起，决定命名“侯氏碱法”，以为公司永久纪念。

永利在缅甸畹町设立运输处。4月，范旭东自昆明飞往仰光，亲自部署运输事宜。在美购买卡车100辆，第一队货车在5月30日自仰光出发。11月19日，在美购买的深井机件由昆明转运至五通桥。

12月，日军偷袭珍珠港，与英美宣战，在香港指挥缅甸运输事宜的范旭东被困，永利总管处停止活动。

1942年 60岁

2月，范旭东自香港脱险入川。4月，又赴缅甸视察，就地规划并指挥抢运设备器材事宜。

南京永利硫酸铵厂的设备被日军拆卸，运往日本九州一化工厂。

缅甸运输线被日军封锁，大多数设备被日军强抢。至此，外购设备无法到齐。

永利川厂开发桐油裂化为汽油项目。

8月20日，黄海社在五通桥举行20周年纪念。

9月11日，深井工程宣告成功，井深3500余尺，是中国当时最深的井。

1943年 61岁

范旭东制定化工十大厂规划。

3月，永利川厂采用路布兰法制碱。

6月10日，久大在自流井创办的三一化学制品厂开幕，生产氯化钾、硼酸、硼砂、溴素等食盐副产品。

永利在美购买的设备改运印度。由于日寇威胁，中国政府责令公私企业在印度腹地狄布鲁加集中管理、保护。

永利五通桥深井发现黑卤及煤气。

10月22日，侯德榜当选为英国化学工业学会荣誉会员，而荣誉会员在全球仅有12名。喜讯传回中国，范旭东表示庆祝，在11月组织了“永久黄”在川二千余人开会，并做了《中国化工界的伟人——侯博士》演讲，说“中国化工能够挤上世界舞台，侯先生之贡献实当首屈一指”。

“侯氏碱法”在新塘沽试产成功。

12月25日，在四川召开的中国化学会第十一届年会上，永利向中国学术界宣布“侯氏碱法”取得成功。

1944年 62岁

3月1日，久大、永利与龚饮冰（共产党员）投资合办的建业银行在重庆开幕。

巴西政府筹办碱厂，约请侯德榜代为设计。

7月，久大成立30周年纪念，范旭东发起创办海洋研究室。

10月，范旭东赴美，与中国代表陈光甫、卢作孚等人出席11月11日在美东大西洋城举行国际商业会议。

永利接受美国威斯康辛大学制硝酸新法，并指定侯德榜、黄鸿宁等人在美作进一步试验。

1945年 63岁

侯德榜受巴西政府邀请，代为调查制碱原料，准备设计。

5月4日，永利与美国出进口银行签订1600万美元信用借款协定。事后，等待重庆国民政府批准担保，但一直没得到批准的消息。

6月，范旭东、侯德榜自美途经印度返国。侯德榜在印度曾为孟买塔塔公司修改其米达浦碱厂。

6月，《罗杰氏工业化学》出版，该书全部由当时世界著名学者撰写，其中两章为侯德榜先生撰写。

8月，日本投降。

9月，范旭东组织久大、永利、黄海部分干部出川筹备复工，接收被日军侵占的工厂。

9月17日，毛泽东在重庆桂园与工商界代表吴羹梅、刘鸿生、范旭东等人座谈。

10月4日，范旭东病逝于重庆沙坪坝南园。

10月21日，重庆举行范旭东追悼会。

10月22日，永利董事会公推侯德榜继任总经理。

11月13日，重庆再次举行范旭东追悼会。

因舆论压力，重庆国民政府同意永利、民生公司的美国借款作为专案处理。

1946年

侯德榜赴印度协助米达浦碱厂改进技术设计与操作。

2月，南京政府下令褒奖范旭东。

5月，国民政府批准永利的美国借款协定。

永利久大总管处迁往上海，全部复员。

1947年

6月10日，范旭东之灵柩移离重庆，途经南京、上海、塘沽、天津、北京。

7月20日，时任北京大学校长的胡适发起公祭范旭东。

7月27日，同人安葬范旭东于北京西山。期间，一路公祭追悼。

1948年

永利碱厂规定10月24日范旭东诞辰为永利厂庆日。

笔者黄守愚附识：

陶行知的育才学校，张伯苓的南开大学、中学，重庆大学，隐储女校，范旭东都为之捐过款。此外傅国涌《大商人》提及范旭东经常捐款，然未有详细列举。因暂未考证清楚，故不一一系年。

后 记

我们中国人，越是处境艰难，越是一往无前，越能团结一心，成就一番大事业；我们企业家，越是竞争激烈，越是斗志昂扬，越能绝处逢生，开拓一番新天地。范旭东是我们中国人的骄傲，他殚精竭虑，实业救国，他是缔造无数第一的“中国民族化学工业之父”；范旭东是我们企业家的典范，他惟精惟一，冲破封锁，他是打破“技术恐惧”第一人。

今天，我们学习研读范旭东的语录，或是报告讲话、或是政府呈文、或是信函电报、或是政论杂谈，这些内容简洁明了、通熟易懂，字字精辟入心、句句发人深省，透过文字仿佛听到范旭东及其同人在沟通对话，也仿佛看到“永久黄”事业的发展轨迹。了解越多，敬畏越深。他们的团队颗颗赤子心，范先生的话语声声“爱国情”，让我们热血澎湃。学之愈深，知之愈明。范旭东是时代英雄，他书写了中国化学工业的序章，扬起了民族工商业变革图强的旗帜。范旭东语录，就是我们当代人接受爱国教育的生动教材，就是我们企业家接受思想淬炼的鲜活案例。

本书精选了范先生的一部分语录，按照爱国、带团队、办企业和修身四个版块分门别类，分别由彭赞、张亚林、胡振强、黄守愚四人执笔对每条语录进行评述，以期给读者特别是企业家以精神上的营养和人生方面的启迪。

湖南是范旭东的故乡。范旭东是现代湘商的重要代表，他的人生足迹处处彰显着湘商敢为人先的志气以及心忧天下的胸襟。作为湖南人，我们有责任去还原和呈现一个还不被大众所熟知的知名“老乡”。今天，我们组建研究团队，研究范旭东语录，编印此书，以为缅怀，以志纪念。这项工作得到了谭小平、刘映群、饶福明、刘佳勇、何惠风、唐宇航、汤智斌、鲁海文等同志的大力支持和悉心指导，在此一并表示衷心的感谢。由于编者水平有限，加之时间仓促，书中难免有疏漏之处，敬请广大读者批评指正。同时，书中引用了一些图片，个别照片未能联系上著作权人，请摄影者见书后可与编者联系，可按规定支付稿酬。

每个前进的时代都有英雄和偶像。新时代，爱国信仰永远是激励我们前进的号角，企业家精神是照亮我们实业强国之路的灯塔。范旭东不仅是湖南人的英雄、企业家的偶像，也是值得我们学习的榜样。

编者

2021年7月